身体動作解体新書

現象を本質的に分解して
パフォーマンスを上げる

パフォーマンスアーキテクト
里大輔［著］
清水英斗［構成］

KÖRPERBEWEGUNG
ANATOMISCHE TABELLEN

KANZEN

はじめに

なぜそうなるのか？　どうしてそうなのか？

世の中にはコツや勘、またはセンスといった言葉で説明されるものがあります。感覚的にはわかっているけれど、説明するまでにはいたらない。

それを暗黙知と呼びます。

スポーツをする選手や子どもたちは、そのコツやカンをさまざまな形で経験したり、学習したりしています。ただ、それらは全員が自分の思うように習得できるわけでなく、ときには悩むこともあるでしょう。

これは、私が選手時代に抱える悩みの一つだったように思います。

私は、まるでパラパラ漫画のように、選手の動きを一つひとつのコマで捉えています。

１００メートル走ならば、部品の集合体が1歩になり、その動作を50回ほど繰り返す、といったように。

サッカーやラグビーも同様に「キックやステップ」をそれぞれの部品に分解して見ていま

す。その過程において、速さや強さ、巧みさと言われるものが、いったいどの部品で、どのようなコマやつながりで構成されているのか、を見ています。

無駄なコマを省き、そして必要な部品のコマを差し込み、滑らかな動画になるように、コツやカンで表現される部分を明確に言語化し、設計図の説明書を作る作業が、暗黙知を言語化することにつながるのだと思います。

言語化することの大きな利点として、評価できるようになると「できていない」という見方が変わり、「どうやってできるようになるか」を考えるようになります。また、「できている」ことをたくさん見つけられるようにもなるでしょう。

一見失敗していそうでも、この部分はとても良くできている、と見てあげられるようになる。結果にいたるまでの０か１００かではなく、途中の経過や選手の努力を取りこぼさずに寄り添うことができると思います。

言語化の作業を通じて、一つひとつの現象を捕まえることで、出口に向かっていく選手の道を明るく照らすことができる。その過程で、私自身も選手から多くのことを学ばせてもらっています。

もう限界だという壁は、言語化によって打ち破られる。

超感覚的な世界さえも、言語化することで必ず次のステージへ行ける。

才能だけでは高められない速さ、強さ、巧みさがあることを選手とともに楽しんでもらえたらうれしいです。

目次

序章

暗黙知の言語化

パフォーマンスを改善するカギは『暗黙知を言語化すること』

あなたは人に、自転車の乗り方を教えることができますか？

大地を蹴ってペダルをこぎ、スーッと進みながら左右のバランスを整える。あなたにとっては意識しなくてもできる、簡単なことかもしれません。でも、そう伝えてもうまくできない人がいたら、どうやって手助けをしますか？

もっと思いっ切りペダルをこぐといいよ。スピードをつけて。……怖がらないで！　自信をもって！　こいで！　がんばれ！　こいで、がんばれ……。あれれっ、いつの間にか、自分の言葉はもどかしい感情をぶつけるだけになっていました。一方では教えられる側も、「わかってるよ！　それができないから苦労しているんだ」とイライラ。どちらの立場も、身に覚えがあるのではないでしょうか。

自分だけは感覚的にわかっているけど、他人に伝えられない。あるいは、伝えようとしたことがない。コツや勘、センス、本能。要は「なんとなく」できること。私たちはそれを『暗黙知』と呼びます。意識せずにできていることなので、改めて言葉にするのが難しい。最終的に「こうなっていればいい」という結果の姿は説明できますが、そこへ辿り着くプロセスを説明できない。なぜなら、その運動ができている要因を自身がわかっていないからです。

よく理解できていないことを、ほかの人へ伝えるのは困難を伴います。また本人にとっても今以上の景色を望もうと考えたとき、現在のパフォーマンスを支える要因がわかっていないため、その後の成長の道筋をつけるのに苦労したり、あるいはスランプに陥ったときに抜け出す方法がわからなかったりと、悩みをこじらせることが多々あります。

便利である反面、そうしたみなを惑わせる側面もある『暗黙知』ですが、この厄介な知をスポーツの現場で誰もがわかるように言語化し、共有で

きる知に変えて、パフォーマンスの向上を助けていく。「暗黙知を言語化すること」、それが私の仕事です。ラグビー、バレーボール、サッカー、陸上など、これまでにさまざまな競技のアスリートを指導しましたが、どの競技においてもその選手のパフォーマンスの改善やその種目の暗黙知とされていたコツや勘を言語化し、取扱説明書のようなものを作ってきました。

言語化された基準をもつと、人間の行動を動作単位に分けられ「うまくできている動作」と「うまくできていない動作」について一貫性のある説明ができます。それにより、選手とコーチの感覚や認識のズレを防ぎ、一緒に作り上げられると思います。

人間の身体を動かすロジックは複雑そうでシンプル

過去に小学生を対象に、陸上教室を毎年開催していました。参加した子の多くは50メートル走が速くなりました。私は難しいことを教えたわけではありません。速く走るための「走る」ことを分解した「動作」を言語化し、「良いところ」「できていないところ」について一緒に確認をしていきました。うれしいことに、参加してくれた子どもたちは速く走ったこと以上に「言語化」することで見える新しい世界や友達同士で伝え合う過程を楽しんでくれていました。

世の中にはさまざまなスポーツがありますが、どんなスポーツのパフォーマンスも、結局は動作の組み合わせです。連続性のある動作が結果として、野球になったり、サッカーになったり、陸上になったりするだけ。瞬間ごとに切り取れば、一つひとつの動作です。その瞬間の動作を滑らかにつなぎ合わせる。また、滑らかにするためには、瞬間の動作のコマをどれだけ多く捉えられるかが重要です。動作に必要なコマを入れ、不必要あるいは重複しているコマを抜き、パフォーマンスを改善していきます。そのため私には『種目』という概念がありません。スポーツでも遊びでも家事でもなんでも、身体を使った動きはすべて言葉で説明することができます。

競技によっては動きが複雑そうに見えることもありますが、紐解けば、人間の身体を動かすロジックはシンプルです。いろいろな動きや判断が複雑に組み合わされても、基本的には一単位動作の集合体であり、一つひとつを捉えていくと、少しずつ見えるようになると思います。

そこまで分解して見ることができない人は多いかもしれませんが、最初から分解して見ることはとても難しいので、まずは考え方や捉え方を「知る」ということから始められれば十分だと思います。これは言語にも似ていますが、「book」という単語を知れば、ダーッと喋られる中でも「book」だけは耳に入ってくるようになります。知ると聞こえるようになり、聞こえると、今度は「book」と言えるようになる。スポーツのパフォーマンスも同じです。基準を知れば、動きのロジックが見えるようになる。動きが見えると、評価できるようになり、自らもできるようになります。

伝えたいのはパフォーマンスを改善する汎用の解法

私がこの本でみなさんに伝えたいのは、足が速くなる方法、野球がうまくなる方法、サッカーが上達する方法といった、限定された『答え』ではありません。すべての運動パフォーマンスを改善することができる汎用の解法、『身体動作の基準』であり、ガイドとしての役割です。それがあれば、野球やサッカー、ラグビーや陸上、あるいは縄跳や跳び箱から、車いすスポーツ、お年寄りの歩行動作まで、あらゆる運動を動作として捉えられるようになり、これまでとは違う見え方になると思います。

この本ではさまざまな事例を用いていますが、それは本質の理解を助けるためであって、種目特有の『答え』を知るためではないことを意識してほしいと思います。あくまでも目的は、『基準』や考え方を理解してもらい、みなさん自身が初めて出会う動作について、身体のパフォーマンスを分析、改善できるようになっていただくことです。もちろん、現象に対する具体的な方法論は必要ですが、それに加え、本質的かつ汎用的なパフォーマンスの要素分解の仕方を、両輪で知ってほしい。

そのためには紹介されるさまざまな事例を、自分や身の回りのことに置き換えつつ、想像を膨らませながら読んでほしいと思います。「これはアレにも応用できるんじゃないか？」と、ワクワクするはずです。

これまで指導を受けた人から多く言われたのは、「もっと早く知りたかった！」という感想でした。この本で解説する『身体動作の基準』が、みなさんの競技や生活のさまざまなパフォーマンスの考え方、捉え方の視点の一つに加わると幸いです。

一章　パフォーマンスとは何か？

パフォーマンスを成立させる3階層のパフォーマンスチューブ理論

運動のパフォーマンスを向上させるためには、まず現状を分析しなければいけません。それはどのように見極めるのか。私の考えるパフォーマンス理論では、運動のパフォーマンスは大きく分けて、3つの階層で分析することができます。パフォーマンスはこの3階層のチューブのバランスによって成り立っています（図1）。

1段目は『アビリティ』です。足が速い、腕力がある、持久力があるといった、いわゆる身体能力を指します。それは体の中の機能、あるいは外からかけられる負荷に耐える力という捉え方もできます。スピードの負荷、パワーの負荷、持久力の負荷がかかったとき、それに耐えられるか否か。たとえば時速40キロで走る身体能力は、自らその速度で走り出すことに加え、自分が立っている床が時速40キロで移動したときに耐えられるか、といった捉え方も可能です。40キロで走れない人は負荷に耐えられず、転んでしまうわけです。また、その状態に1分間耐えられるか、という持久力の負荷もあります。

『アビリティ』は内発的な身体能力と、外部からの負荷に対応できるかどうか、両方のイメージで捉えることができます。そうした内外への速さ、力、持久力を生み出す身体の機能をアビリティと考えてください。

2段目は『テクニック』です。脚力があっても、脚を巧みに振ることができなければ、上手にボールを蹴ることはできません。腕力があっても、腕を巧みにコントロールできなければ、けん玉はできません。パフォーマンスを向上させるためには動きの巧みさ、つまり『テクニック』が必要となり、このレイヤーは、身体能力であるアビリティの次に位置付けることができます。

なぜ、順番として、アビリティの次にテクニックが来るのか。それはどれだけ身体の操作が巧みでも、そもそもけん玉を持ち上げる力がなければ、けん玉を行うのは不可能だからという考え方にな

（図1）パフォーマンスチューブモデル

パフォーマンスは3階層のチューブのバランスによって成り立っている

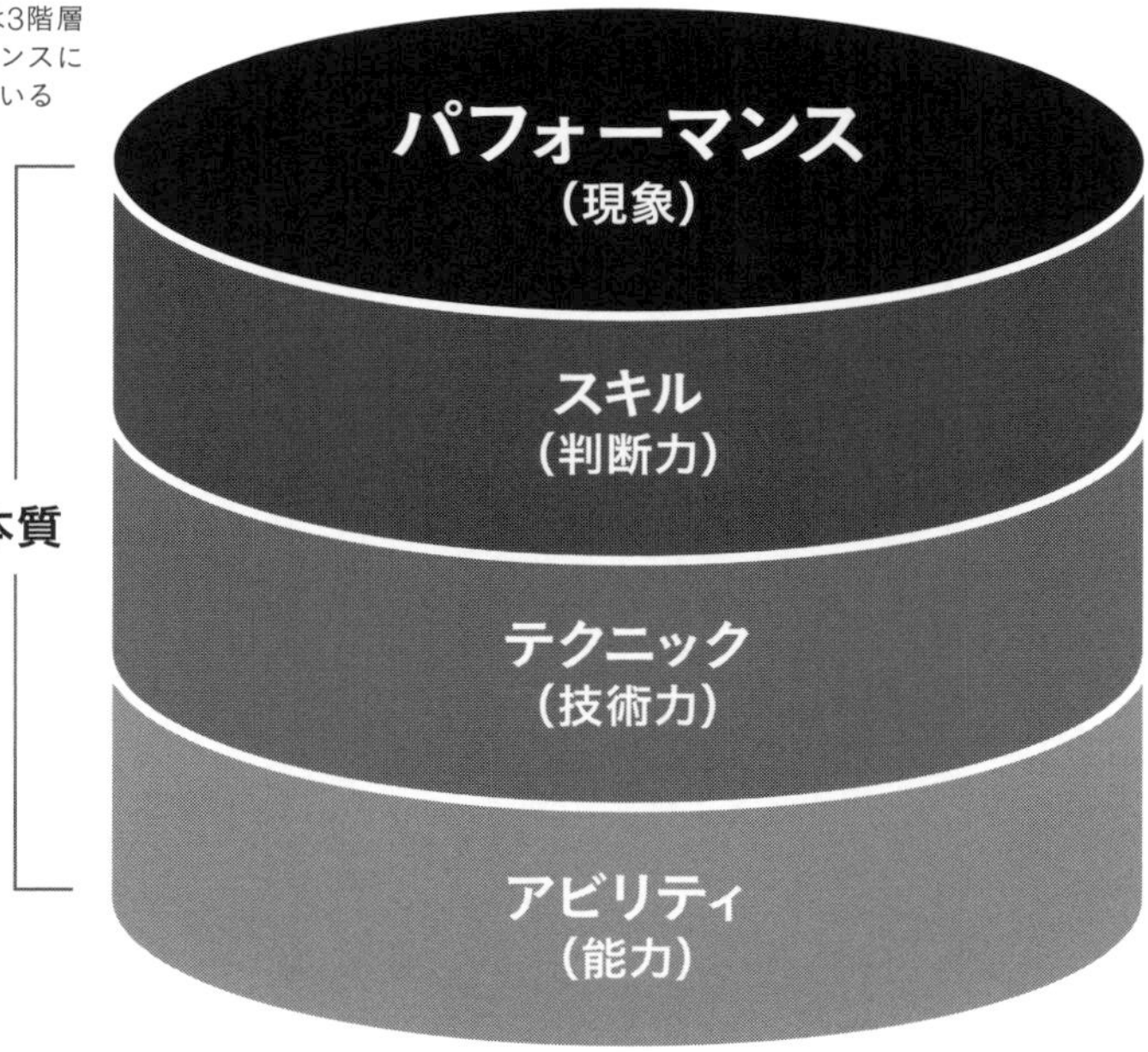

ります。私たちは今、椅子や床に座っていますが、もしも完全にアビリティがゼロであれば、座る力がなく、くしゃっと倒れてしまいます。そうなればパフォーマンスはゼロであり、座るテクニック以前の問題になってしまうので、テクニックはアビリティの上に立つもの、と考えられるわけです。

もう一つ説明するなら、テクニックは一度学習すると、なかなか忘れません。自転車に乗るテクニックは一度身につければ、数年間のブランクがあっても再び乗ることができます。しかし、その自転車で急な坂を登ろうとすれば、アビリティがより必要であり、それは毎日坂を登っていなければ衰え、1年後は登れなくなるかもしれません。アビリティは継続しなければ失われますが、テクニックは一度習得すると長期的に保たれる。そんな特徴があります。

最後の3段目は『スキル』です。200グラムのけん玉を5分間持ち上げる体力があり、皿に乗せたり、穴に差したりと、巧みな動作もできるとします。その次の段階は、外部との関わりです。スポーツはここで邪魔が入るわけです。隣に人がいて、それを避けながら成功しなければいけなかったり、あるいはチームスポーツなら5人同時に穴に差すようなチャレンジも考えられます。

そういうシチュエーションがあるとき、その邪魔をする手が見えているのか。見えていなければ失敗し、玉を奪われてしまうかもしれません。邪魔をされるのを察知したら、それに対して右や左にかわす選択肢をもてるか。それを決断して実行できるか。結局は1人のときと同じ動きをするだけですが、2人、3人、4人と外部要因が増えることで、テクニック不良が起きたりします。『スキル』の階層では、こうした状況と判断の課題に立ち向かうことになります。

「なぜダメだったのか」の基準があれば感情的な叱責はなくなる

パフォーマンスの分析は、これら3つの階層のパフォーマンスモデルで考えることができます。よくサッカーの試合では、決定機でシュートを外したことが取り上げられますが、そこでコーチや監督が言うのは、「枠に飛ばせ」「決めなきゃダメだ」といったパフォーマンスのゴール地点がほとんどです。

しかし、それ以前に、なぜシュートは外れるのでしょうか。たとえば『アビリティ』に問題があり、選手のパワーやスピードなど能力の要素が足りなかったのか。あるいは枠の中へコントロールする『テクニック』が足りなかったのか。もしくはアビリティもテクニックも備わっていたけど、左に打つべき場面で間違って右に打ってしまった『スキル』が不足していたのか。1つのシュートミスにおいても、必ずアビリティ、テクニック、スキルの3階層に分けて、現象を説明することができます。

こうした基準をもっておけば、「なんでお前それ決められないんだよ！」といった感情的な叱責はなくなります。「足の可動域は十分だったか」「フォームは崩れていなかったか」「左の選択肢はもっていたか」と、具体的なアプローチに加え、そもそも練習にそういった要素の準備していたかどうか。選手も指導者お互いに振り返るためにも必要なことであると考えます。

これはサッカーに限らず、あらゆる現象に通じる考え方だと思います。たとえば私が、紙をくしゃっと丸めて、ポイッとゴミ箱へ投げるだけでも、起きたパフォーマンスは必ずアビリティ、

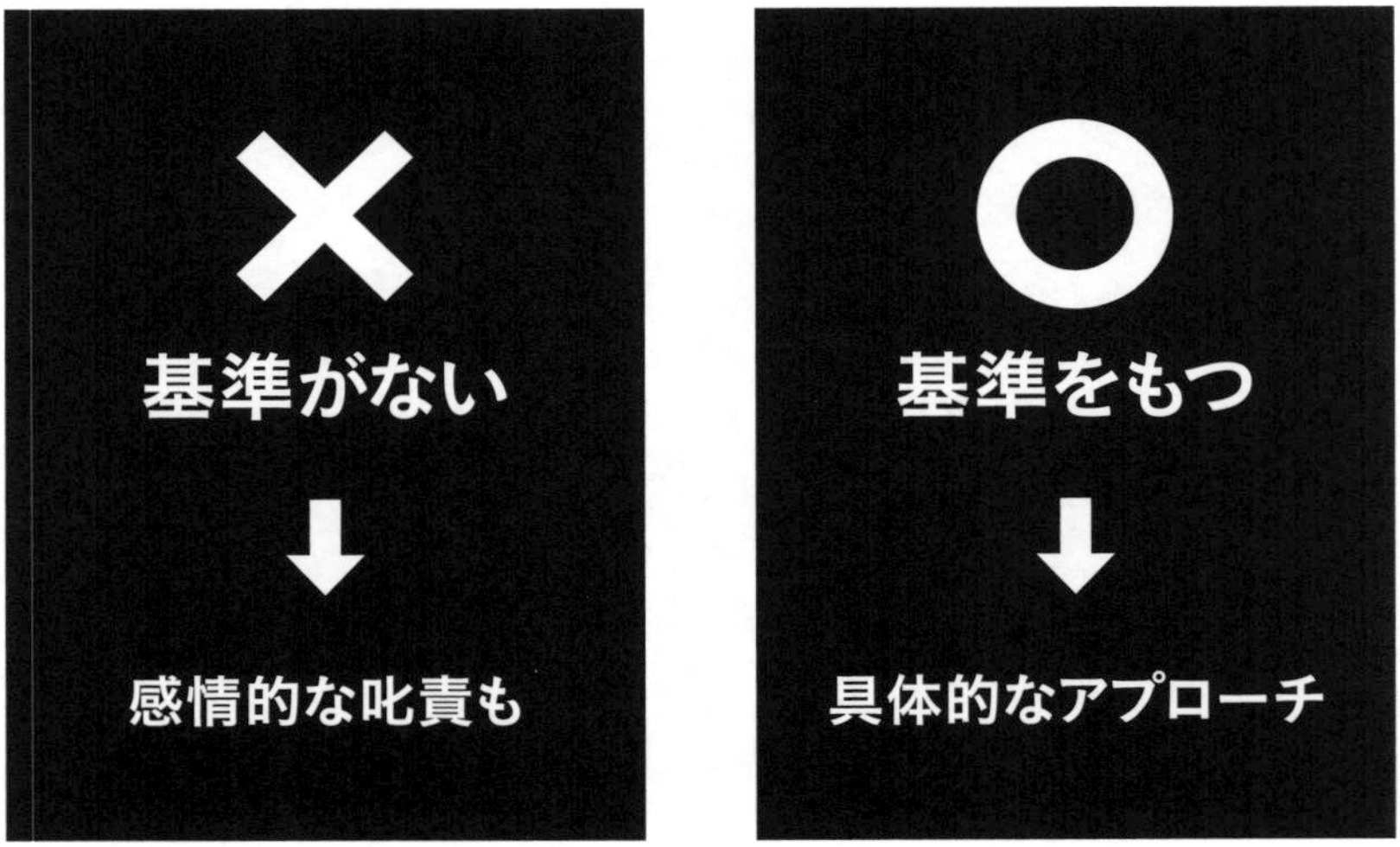

テクニック、スキルの3階層に分かれ、うまくいった要因とうまくいかなかった要因を言語で解説することができます。

バランス良く取り組みたい3要素『アビリティ』『テクニック』『スキル』

これまでにさまざまな競技団体、あるいはアスリートを対象に指導を行ってきましたが、アビリティ、テクニック、スキルの3階層にバランス良く取り組めているアスリートはまだまだ少ないのが現状です。

これはレベルにもよりますが、たとえば、陸上競技の場合、テクニックに偏ることがあります。スタートやランニングのフォームなど、身体を巧みに動かすところに偏って練習の多くを行うのです。当然、細かなテクニックを実施することは重要なことですが、「アビリティは不足していないか？」「スキルはどうなのか？」「全体のバランスを見よう」とすることがポイントです。

陸上の『スキル』というと、あまりイメージが浮かばないかもしれませんが、たとえば、一人で走ったほうが速い選手と、複数人で競走したほうが速い選手どちらもいます。100メートル走だとほぼ全力疾走ですが、その中でもレース戦略というものがあり、どのようなストリーでトップスピードになるか、前半から勝負するか、余力をもった状態でいくかを考えます。400メートル走くらいだと、そういう戦略は如実に表れますが、100メートル走でも、なんとなくしゃかりきに走る感じになると、力みが生じて後半に失速してしまったり、前半にうまく加速できなかったりと、いろいろな現象が起こります。

100メートル走でスタートしてからの加速姿勢は、前傾から徐々に直立姿勢に近い形になっていきますが、本当は40メートル地点くらいで身体を起こすはずだったのが、自分の視界に隣の選手が身体を起こしているのがチラッと見え、つられて自分も起こしてしまった。こうした周りの状況判断を伴う中で、いつものテクニックを発揮できなくなったりすることが起こります。8人が横に並んだとき、自分はどこを見て走るのか。いろいろなところに目移りしていないか。普段のアビリティやテクニックの練習は、一人単位で走ることが多いので、試合のように8人が揃って100メートルを走る状況はなかなかありません。スキルとして、隣の人がこう出てくることが予想されるので、何メーター地点で自分はこうするなど、決めごとをレース戦略としてもっておきましょう。そうすれば周辺環境が変わっても、自分に集中できるようになります。

このようにスキルの習得は大事なのですが、テクニックに偏ってしまうと、スキルは個人の努力に任されることがしばしばあります。もしくは「この人は勝負弱い」とざっくり片づけられ、練習の設計や要素の偏りには意識が向かない。これはいろいろな競技シーンでも起きていることだと思います。もちろん、チームや選手・コーチが全体のバランスを捉えた上で、特化して取り組まれている場合もあります。意図して「うちはアビリティに特化して取り組む」「君はテクニックを強みにしていこう」と選んでいるケースもあるので、その意図を選手も理解してくれているかを確認することも大切です。

チームスポーツがフォーカスしがちな『スキル』

一方、陸上とは異なり、サッカーや野球などの球技やチームスポーツは、レベルが上がればば上がるほどスキルにフォーカスされがちです。戦術の言語化はどんどん進む一方で、アビリティやテクニックの言語化はそれに遅れをとっています。たとえば野球では毎年、キャンプで走り込んで足腰を作るといったニュースが出てきますが、わずか1ヶ月のキャンプで1年のアビリティを作るのは難しいと思います。実際に球界にはストレングス&コンディショニングコーチがいて、彼らは年間を通じた設計を科学的に行なっています。しかし、表面的な情報だけで「オフシーズンのみ走り込めばいい」と間違った伝わり方が世の中に伝わってしまわないか懸念しています。また、テクニックを伝授しようとする臨時コーチなどもニュースで見ますが、感覚的な指導や新たな刺激となることはあっても、コーチと同じような体型や感覚を持ち合わせていないと再現できないこともあり、応用や理解も選手の努力に任せられることがあります。

サッカーの場合は、GKコーチのように具体的なテクニックを指導する役職がある一方で、ラグビーのようにキックコーチ、パスコーチといった仕事はありません。日本のサッカー選手に「どうやってキックはうまくなるの?」と聞いても、「蹴り込んでます」といった回答です。「どうやって蹴り込むの?」「納得いくまで」「どうしたら納得がいったのか判断するの?」「入ったら」「入ればいい感覚なのか」「1回入れば、2回目も3回目も入るよね?」「いや、ちょっとわかりません」

テクニックは重要だと言いつつも、そのパフォーマンスを出すための身体の使い方は、選手や指導者の個人の努力度に任され、多くは曖昧に捉えられ、暗黙知のままです。あるいはキックやパスの方法は示したとしても、サッカーで走り方を教わる場はまだまだ少ない。走ることはアビリティだと解釈されていることが多く、「あいつは昔から速いんだ」「能力だからかなわない」と。しかし、決してそうではなく、すでに陸上の例で述べたように、走ることにもアビリティ、テクニック、スキルがあり、3つすべてを伸ばしてパフォーマンスを上げることが可能です。そのあたりはすべての競技の選手たちにも知ってもらい、可能性を広げてほしいと思っています。

ほかには今では少なくなりましたが、格闘技や柔道はアビリティに偏ることが多い印象です。テクニックやスキルは経験則に基づいたものや、言い伝えによるもので、指導者が選手時代にやったことをそのまま教えるような指導が長らく続いてきました。私と同じ背丈で、私と同じ身体動作の感覚があればいいのですが、甘いものが大好きな私が、甘いものが嫌いな人に「これ美味しいですよ」と教えたところで、絶対に美味しいと思ってはもらえません。でも、「これはうまいんだ！」と食べさせられ、頷くしかない子どもたちはものすごく多いと思います。大人になっていろいろなやり方を聞くようになり、「子どもの頃に知りたかった」とこぼす人が多いのは、つらいことです。

パフォーマンスを3つに要素分解し、広い視点で捉え、細かく実践することで選手と寄り添うことができるようになります。「できていなかったこと」だけではなく、「できている」ことにも気がつくことが多く、それは自信の積み重ねにもなると思われます。

3階層のバランスが悪いときは『代償動作』が補う

このようにアビリティ、テクニック、スキルの3階層は分解して考えることが可能ですが、一方でパフォーマンス全体としては一連のつながりをもっています。この関係はP17の図1のようなチューブ状で考えるとわかりやすいでしょう。土台にその人の身体能力（アビリティ）があり、その上にコントロールする巧みさ（テクニック）、その上に外部へ適応させる判断力（スキル）があります。どこかの輪が細くなれば、ほかの2つもバランスが不安定になり、互いに影響を及ぼし合います。理想的に言えば、このパフォーマンスチューブは大きくて美しい筒型であるのがいいのですが、たいていはみな、バランスが歪《いびつ》です。たとえば身体の能力が弱くて、小さなアビリティの輪の上に、テクニックとスキルが載っていたりと、各層のボリュームが揃わないことは珍しいことではありません。

ただし、そういった著しくアンバランスな状態でパフォーマンスを発揮しようとすると、人間は『代償動作』と呼ばれる機能で、ほかの箇所にストレスをかけ、補填する機能が働きます。言わば無理を利かせることで、パフォーマンスを実現しようとするわけですが、その結果、肩や腰が痛くなったりと、どこかに歪みが生じることがあります。たとえば、アビリティの不足をテクニックで補おうと身体が無理をした結果、プレーに変な癖がついてしまったり。あるいはテクニックやスキルの不足を、大きなアビリティでカバーしようとした結果、筋肉系の怪我を繰り返してしまったり。そうした例はみなさん自身、あるいは周りの人にも思い当たるのではないでしょうか。

〝適応してしまう〟という代償動作の怖さ

一方で、その代償動作が、悪い形での習慣化をもたらす危険もあります。たとえば、すごく背中が曲がったおばあちゃんの歩き方を見たことがありますか？　加齢でアビリティ（厳密に言うと、さらに一階層下の柔軟性・可動性・安定性などのファンデーション）が衰え、背筋を伸ばすことが困難になったわけですが、腰が曲がっているのは、そのアビリティでも歩けるように、テクニック面で適応してしまった状態です。腰が曲がったままで歩くのは、疲れやすいだけでなく、血流や代謝など身体の働きにもさまざまな悪影響を及ぼします。通常であれば背中を曲げて歩くのは難しく、非合理な歩き方なのですが、アビリティの不足から、それに適応してしまう。代償動作にはこのような怖さもあるのです**（図2）**。

それ以外のケースでは、子どもに将来プロになってほしいからと、限界を超えてプレーさせるケースも以前からよく聞きます。まだボールを全力で繰り返し投げたり蹴ったりする、アビリティ、

（図2）代償動作を伴うときのパフォーマンスチューブ構造

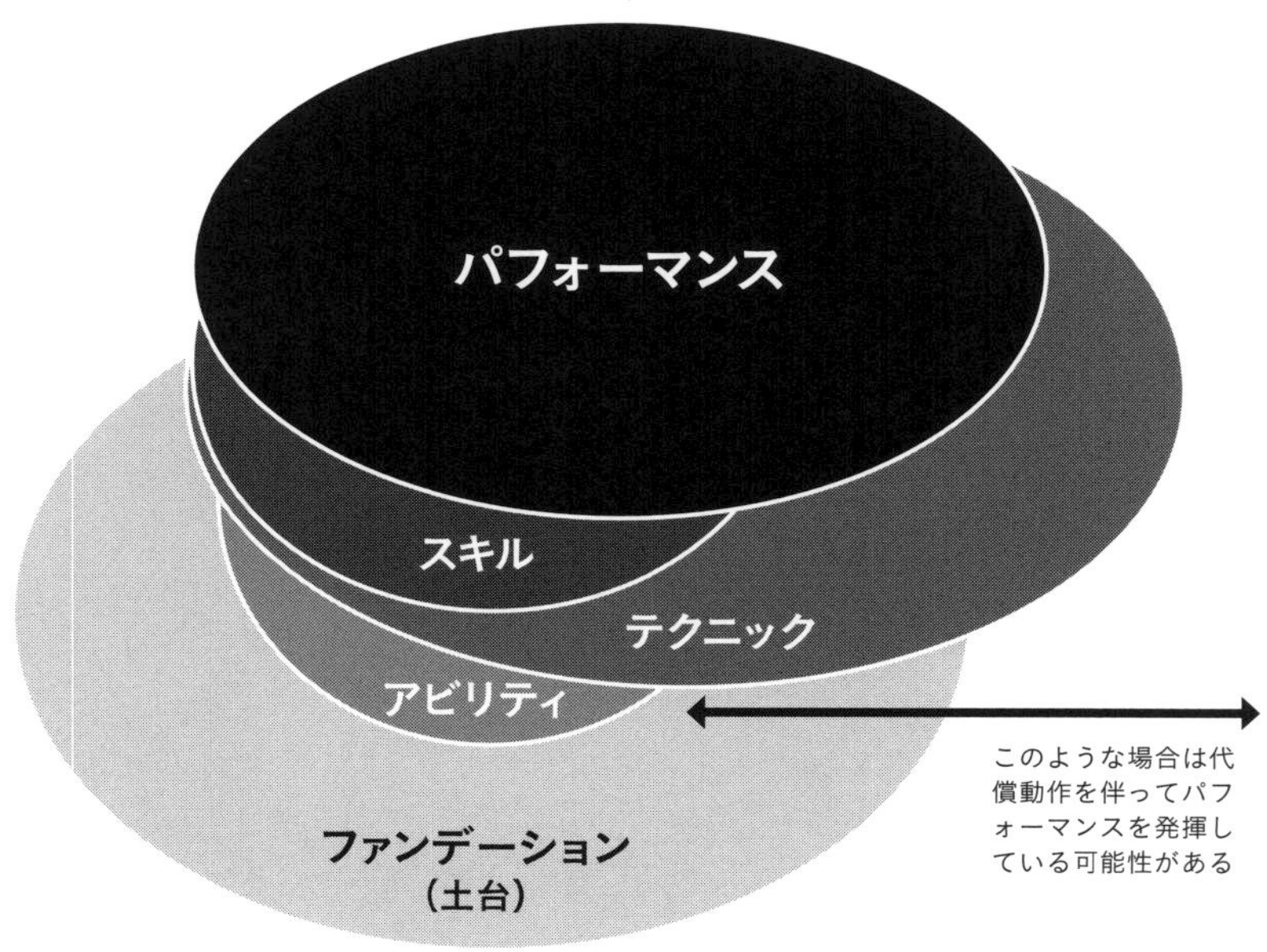

テクニックが備わっていないのに、それでも数時間、数十本プレー可能なフォームに適応してしまう。

これはそれぞれのキャパシティ（処理できる負荷量）を超えた状態です。最初はテクニックやスキルが歪な補填をし、なんとかプレーできると思いますが、徐々に無理が生じます。私たちがスクワットをするとき、30回くらいまでは問題なく行えたとします。その後、足がパンパンになると、手を振って一生懸命に身体を引き上げることを無意識に行うと思います。これも代償動作の一つです。足以外のところを一生懸命に使い、なんとか上がろうとしますが、最後は顎も上がり、いよいよダメになってしまう。

子どもがアビリティを超えて100球を投げ込むことも、それに似ています。身体が耐えられないので、フォームはどんどん崩れていくのですが、100球投げるという結果を優先し、パフォーマンスの辻褄を合わせてしまう。ところが、それは正しいパフォーマンスを発揮する投げ方（テクニック）ではないので、肘や肩を壊してしまったり、もしくは本当に投げたい技術を習得しようとしたとき、変な癖があって覚えられなくなったりする。これは日本のスポーツ界で頻繁に起きていることだと思います。

ともすれば、パフォーマンスチューブの3つの階層が最初からきれいな筒型を保ち、なんの無理もなく100球を投げ込めることはあるのかもしれません。ただし、私自身はそういう人をほとんど見たことがありません。3つの階層が歪になるのは、別段珍しいことではなく、むしろ大なり小なり、人は基本的に歪です。それが良い悪いというよりも、対象者の良い部分を見つけ、足りない部分を知ろうとすることが重要です。

パフォーマンスチューブを真上から覗くという視点

そのために、私はパフォーマンスチューブを真上から覗きます（図3）。歩く、立つ、座るといった人間の行動すべてをパフォーマンスとしたとき、それを示す筒を真上から覗くと、3つの階層はそれぞれ大きいのか、小さいのか。その上に載っている階層はキャパシティを超えていないのか。仮にキャパシティ以上の動きを行っているのなら、アビリティの中にある持久力をもっと増やしたほうがいいかもしれない。逆にアビリティが大きいのに、効果が十分に出ていないのなら、テクニックやスキルを改善したほうがいい。このように筒型のパフォーマンスチューブを使えば、現状を言葉で説明し、改善の方向性が決まります。これはパフォーマンスを捉える上では、とても大切な視点です。

また、パフォーマンスの筒を上から覗いて階層を見ることは、スキルの部分が一番見えやすく、一番下のアビリティが最も隠れやすい、というニュアンスが含まれています。一番上のスキルは、ボールを左へ蹴った、失った、空振りしたなど、結果の成否が見えやすい。球技の戦術がファンの間で語られるのは、その結果や効果が外から見えやすいのも、一つの理由だろうと思います。

一方、その下のテクニック層へ移り、「蹴り方はどうだったのか？」と巧みさに焦点を当てると、人によっては説明できないことが多いはず。さらに下のアビリティ層へ移ると、蹴るためのパワー、スイングのスピードは十分か。あるいは身体のバラ

(図3) パフォーマンスチューブを上から覗くと……

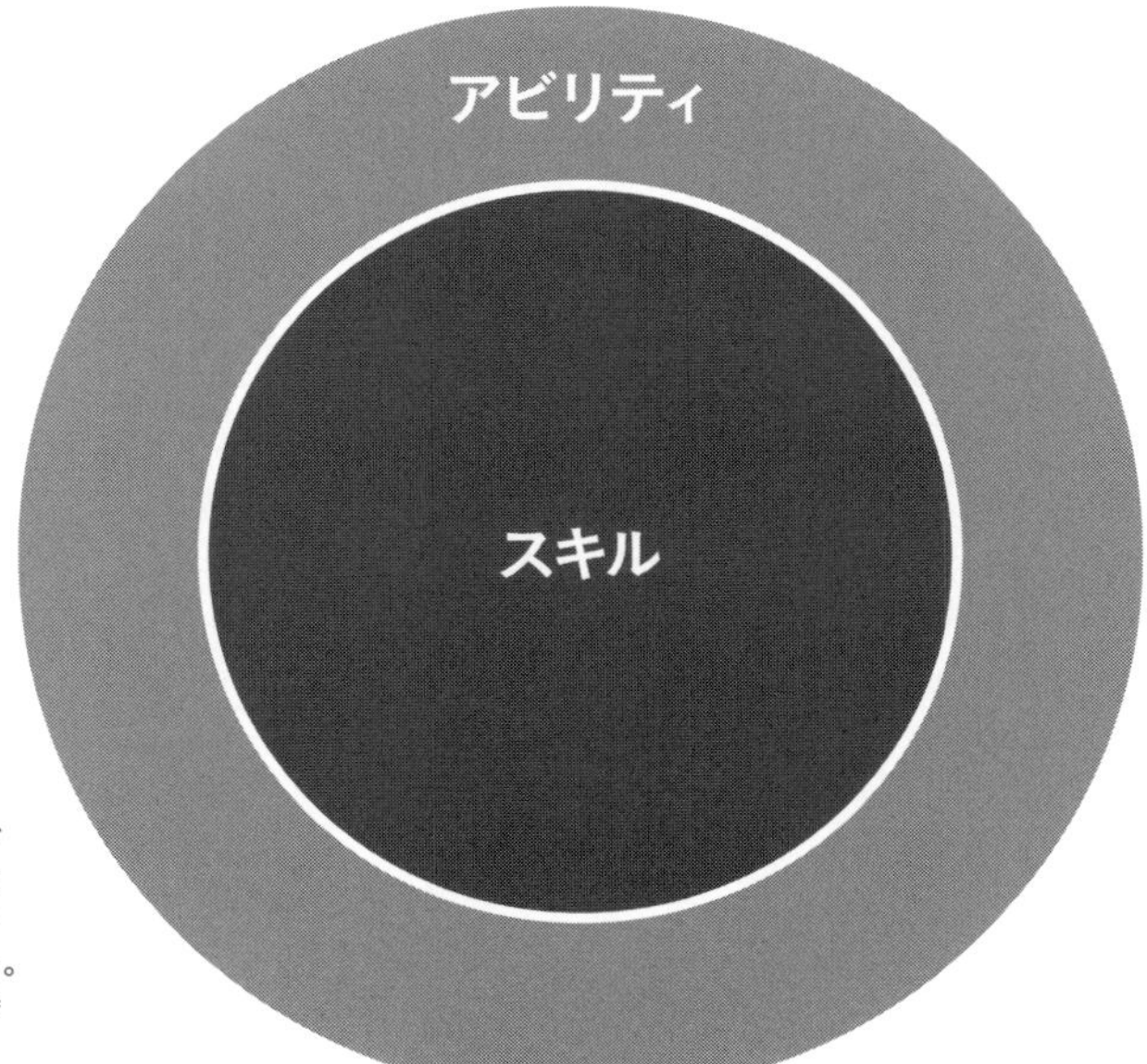

パフォーマンスチューブを上から覗いたとき、図の場合は中間層の「テクニック」が見えていない。現状を把握できれば改善の方向性が決まる

ンスは整っているかなど、さらに答えづらくなります。

スキルは効果が外から見えるので、一番わかりやすい。テクニックも身体の外に表現されるものなので、見方さえわかれば評価することができる。その一方、アビリティは身体の内部の能力であるため、より見づらい要素であるのは確かです。だからこそ、その存在は見落とされがちであり、子どものアビリティやキャパシティを超えて、１００球を投げ込ませるような危険なトレーニングが実際に行われてしまうのでしょう。

そうしたバランスの瓦解を避けるために、まずは3つの階層で見ようとする意識が大切です。最初はそれだけでも、パフォーマンスの捉え方が変わるはずです。

3階層を『ピラミッド型』で捉えるときの留意点

ここで示したパフォーマンスの全体像は、一般的にはピラミッド型のような錐体で表現される図をよく見かけます。下からアビリティ、テクニック、スキルへと先端が尖っていくイメージで、パフォーマンスが説明されます（図4）。

土台となるアビリティの範囲内にテクニックが載り、テクニックの範囲内にスキルが載る。つまり、上へ行くに従って階層が小さく、狭くなるという解釈、理想として目指す形ではありますが、実際はそれに当てはまらないケースがたくさんあるのです。

これは代償動作にもつながりますが、身体は硬いし、小柄で線も細い、でも走るテクニックが素晴らしく、100メートルで優勝してしまう選手。体力は衰えているが、状況判断や駆け引きが素晴らしく、結果を残すラグビー選手。このように、上に載っている要素の大きさで、全体のパフォーマンスを引き上げることは十分にあり得ます。

もっとわかりやすい例で言えば、サッカーでは足りないスピードや持久力をスキルでカバーし、プ

（図4）ピラミッド型で考えるときの留意点

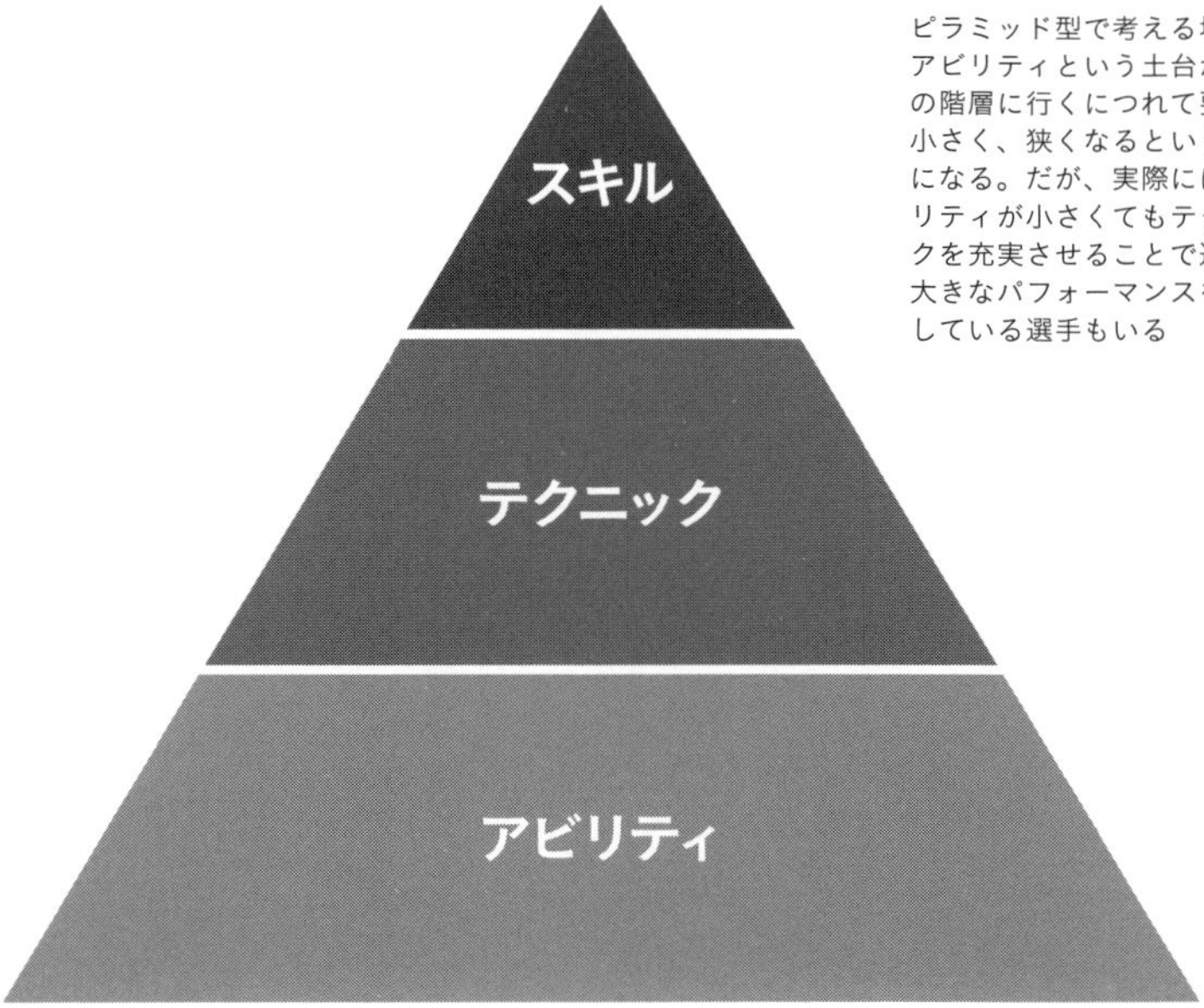

ピラミッド型で考える場合、アビリティという土台から上の階層に行くにつれて要素が小さく、狭くなるという解釈になる。だが、実際にはアビリティが小さくてもテクニックを充実させることで適応し、大きなパフォーマンスを発揮している選手もいる

ロとして活躍する選手がたくさんいます。直線のタイムを計ると遅いのですが、ボールを含めたサッカーの追いかけっこでは速くなる。そうした例は、スキルがいろいろなものを補塡して全体のパフォーマンスを大きくしているので、ピラミッドのようなシンプルな錐体の関係性は必ずしも成立しません。このパフォーマンスの階層は、足が細かったり、胴体が出っ張っていたり、頭でっかちだったりと、実際にはさまざまな形状があるのです。

また、ピラミッド型が怖いのは、3つの階層をシンプルに序列化するため、「まずは土台が大事だ」「とにかく走り込め」という、短絡的な結論になりやすいことです。確かに土台は大事なのですが、土台以上のパフォーマンスを出そうとするのも人間の能力なので、それが適切な動き、バランスになっているのかどうかを基準に沿ってチェックすることで、その人の個性や現実にフィットします。人は基本的に歪なので、その歪さを自身の特徴や目的に合った形で修正するほうがいい。起こる現象を一律に、ピラミッド型で捉えようとするのは無理があります。

しかしながら大切なことは両輪（理想と現実・現象と本質）を理解した上で、実際の現象を正確に捉え、本質にアプローチすることだと思います。どちらかを否定するのではなく、従来のものを理解した上で、より現実的な構造に辿り着くことが大事です。

ピラミッド型は理想の形であり、実際には歪な階層をもつ人がほとんどです。そのため私は錐体ではなく、筒型のパフォーマンスチューブモデルでパフォーマンスの改善方法を説明しています。どの階層が小さくなっているのか、バランスはどうか、パフォーマンスを害しているのはどの階層が原因か。「とにかく走り込め」ではなく、そういったものをコーチが見極め、評価することができるか。そこが重要です。

「効率」とはまさにこのことだと思いますが、「とにかく走り込め」の場合は、目的地となるパフォーマンスの筒形を想定せず、「まずは行ってから考えよう」といった手段先行のやり方です。結果的に奏功する場合もありますが、とりあえず行ったものの、行った先でご飯が食べられなくなった、歩いて帰らなければならなくなった、途中で病気になったなど、思いどおりに進まないことはよくあります。この予算で、このスケジュールで、どういう予定を立てれば無理なく行けるのかを考えなければ、効率の悪い旅になってしまいます。運動のパフォーマンスも同じです。手段先行の改善アプローチは、同様の非効率さを生むリスクが大きいのです。

また、これは走り込みだけでなく、筋力トレーニングでも起こりがちです。何かのパフォーマンスを成し遂げるために、テクニックやスキルとの調和の中でアビリティを伸ばそうと筋トレを行うのなら、まったく問題はありませんが、「とりあえず筋トレ」「まずは身体」と、ゴールからの逆算をせず、着手してしまう。その結果、テクニックやスキルとの関係性を壊してしまう例は珍しくありません。理想のピラミッドを理解しつつも、現実にいる選手に対してチューブ型で捉え、「見る」ことから始めてみましょう。

トレーニングをオーガナイズするのはコーチの役目

だったらテクニックにもスキルにも、全部にフルパワーで手をつければいいだろうと思う人もいるかもしれませんが、ある意味、身体には予算があるので、予算を超えて練習をやりすぎれば赤字、つまり怪我につながります。自分の予算がどれくらいあるのか、どれくらい走ったら壊れてしまうのか。それは選手自身にはわかりません。その人の予算をアビリティ、テクニック、スキルの掛け合わせで、トレーニングを何に当て、どういう筒型のパフォーマンスチューブをデザインするのか。3つの階層の形は人によって違いますし、理想とする筒型のバランスも人によって違います。そこへ辿り着くためのトレーニング予算を、いかにオーガナイズするか。それはコーチの役目です。もしくは優秀なアスリートや、自分の身体をよく理解している人なら、自身でもわかると思います。

逆に残念ながら、予算というものをまったく計算せず、自分の理想だけで迫るコーチもいます。たとえば、１００回ジャンプすることを目指している中、現状では10回しか跳べない。それだけのアビリティしか予算がない状態です。それを11回、12回と伸ばしてあげるのではなく、「勝つなら１００回だ！」「とにかく１００回跳べ！」と最初から理想を迫ってしまう。実は11回目からは足が痛くてどうしようもなくなるのですが、コーチが怖いので、当人は残り90回をどうにかこなそうとします。しかし、そこに正しいテクニックやスキルはありません。予算をきちんと考えなければ、代償動作で無理に身体が動いてしまいます。これでは逆に遠回りになったり、怪我で目標達成を妨げることになりかねません。

現状のアビリティについてフィジカルやパフォーマンス分析などを実施し、予算を把握した上で、使える予算をさらに大きくするために、オフシーズン、または、計画的にアビリティを増やすための準備をすることもあります（ピラミッド型的考え方）。また、単純なアビリティを増やすための体力トレーニングだけでは解決しないこともあり、テクニックやスキルを大きくすることで、速度やパワーの効率を高め、その結果アビリティの予算も増やすというやり方もあります（チューブ型的考え方）。

このように両輪からアプローチできるようになると、抜け漏れが限りなく少なくなっていきます。最初から１００点満点の計画を目指すのではなく、まずは全体を分解しようとすることが大切です。

予算に応じ現状と理想の数字の間に滑らかな階段を作る

一つずつ積み上げて、現状と理想の数字の間に滑らかな階段を作り、予算に応じた上昇率で、理想のパフォーマンスに近づけることが大事です。たとえば、腰の曲がったおばあちゃんが正しい歩き方を身につけたいと願っています。予算は決して多くはありません。正しいテクニックで歩こうとすると、「背中が痛い」となります。だったら無理をせず、その人の予算の範囲内で、普段からストレッチを行いましょう、と。正しい姿勢に近づいたら、少し歩いてみる。いきなり長距離を歩くようなことはしません。一歩ずつです（チューブ４階層でいうと一番下のファンデーション）。

また、アプローチを工夫することも大事です。おばあちゃんの歩行なら、アビリティ、テクニック、スキルのどの階層からアプローチするか。アビリティから改善するのは、やはり非常に難しいでしょう。そう考えれば、次はテクニックです。腰が曲がっているテクニカルな部分に、どうアプローチするか。たとえば、おばあちゃんの視線を置く位置を変える。2メートル、3メートル先を見せてあげる。そうすると頭の位置が変わってくるので、それに伴って上半身のラインも上がるかどうか。

もし、それでも変わらないのであれば、最後はスキル。環境や状況を変えるのも一つの手です。少し上り坂を歩いてもらう。その際、前傾姿勢になるのですが、地面に対しての頭の向きは少し上がり、目線が地面と平行に近づく局面が出てくると思います。そこで地面に対してより空間を得ているような感覚を体験してもらう。スキルではこのようなアプローチがあると思います。それでも変わらなければ、またアビリティへ戻り、体力や筋力から少しずつやり直すか、もしくは身体の中のメディカル領域（チューブ4階層でいうとファンデーション）からアプローチするか。そんなふうに試行錯誤を繰り返すことになります。

いずれの競技、動作にも共通して言えるのは、まず、現状のパフォーマンスチューブを分析することです。アビリティが弱くてスキルでカバーしがちな人、あるいはアビリティを発揮しやすいシンプルなプレーでは優れているのにテクニックやスキルが絡むと苦手になる人、いろいろなタイプがあると思います。そこから目的に応じて、目指すチューブの形を意識する。そのゴールから逆算して、アビリティ、テクニック、スキルの何をどう改善するべきか、身体の予算に応じた改善計画を立てる。これが一般的なステップです。こういったパフォーマンスの構造や仕組みを丁寧に説明すれば、たくさんの人たちが高いレベルで理解できると思います。しかし、実際の指導現場では簡単でシンプルな話が「レベルの低い話として選手に受け取られないか」という心配から、ついつい話を難しくしてしまう、という悩みを抱えるコーチがいるのも事実です。

本当はシンプルな答えに辿り着いていても、アウトプットする際に難しくしてしまう。その結果、説明や計画に矛盾が生じてしまうことがある。誰もが知るコーチや選手の説明は非常にシンプルで簡単なことが多いです。もし、そんな心当たりがあれば、思い切ってシンプルな説明にチャレンジしてみてください。

これでパフォーマンス改善の大枠の流れは、理解していただけたのではないでしょうか。次章はこの3つの階層を分析、評価するための具体的な見極めのポイントと、改善の手段について、さらに掘り下げていきます。

二章 アビリティ・テクニック・スキル

パフォーマンスを完全解析するための9つの指標

パフォーマンスの分析と改善を行う上では、アビリティ、テクニック、スキルの3つの階層に分解して捉えることが大事です（※全体像はファンデーション、アビリティ、テクニック、スキルの4階層）。とはいえ、それだけでは3つの階層を見たとき、各自を具体的にどう評価すればいいのか、最初から見極めるのは難しいと感じるのではないでしょうか。

そこで必要になるのが道しるべ、すなわち評価の軸となる基準です。アビリティ、テクニック、スキルの3階層には、それぞれ分析を行う上での基準が3つずつあり、全体で9つになります（図5）。その9つの指標に沿って動作をチェックしていけば、誰でもパフォーマンスを分析し、暗黙知を言葉で表すことが可能になります。私はよく『セイムページ』という言葉を使いますが、目の前にある色を「グレーだ」と言う人もいれば、「ライトグレー」「チャコールグレー」と言う人もいて、一方では「灰色だ」と言う人もいます。同じ色でも、人によって受け取り方が違う。もちろん、パフォーマンスの出口はその人の個性や環境により、みんなが同じ出口を目指すわけではないので、道筋が見えていれば、最後は解釈の違いがあっても構わないと思います。私のやり方は答えを与えるのではなく、基準を与えて、その人の身体、その人の表現でパフォーマンスをクリアにしていく方法です。固定化された方法論ではありません。指標を与えることで、方向性が明確になり、その人の活動が最大化されるイメージです。だから出口はそれぞれ違って当然で、自分に合った出口を見つけてほしいのです。

ただ一方、入り口ではある程度『セイムページ』を作る必要があります。もしも最初から解釈が異なっていれば、改善の方向性が根本からズレてしまう危険性があるからです。これから説明する9つの指標を『セイムページ』、つまり入り口と考えていただければと思います。

（図5）パフォーマンスを完全解析するための9つの指標

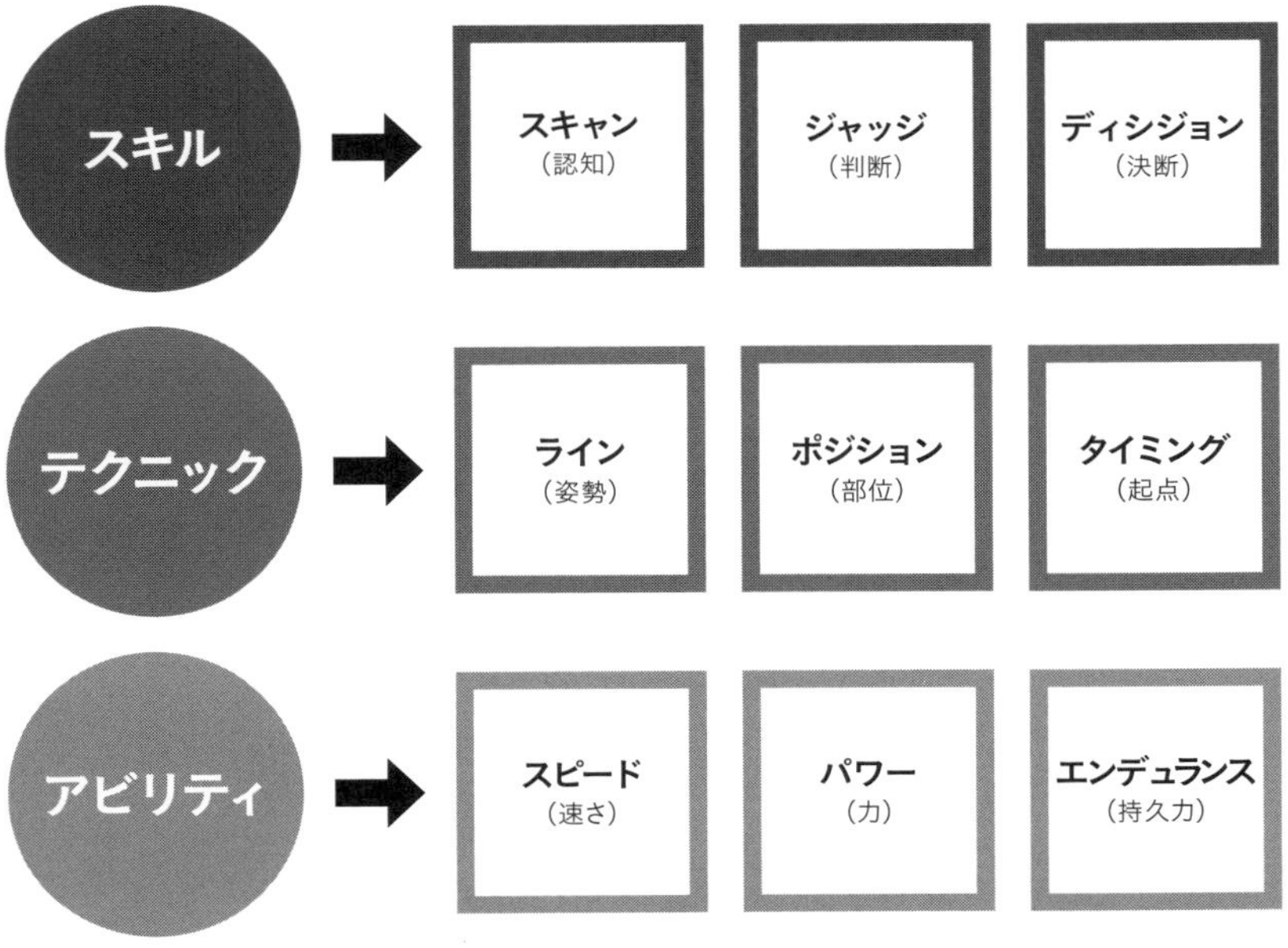

アビリティの3つの指標『速さ』『力』『持久力』

まずはアビリティの指標です。身体の中の機能は、『速さ（スピード）』『力（パワー）』『持久力（エンデュランス）』。この3つで見極めることができます。

速さは、移動の速度や、動作の時間のこと。力は、自分自身という重量や自分以外の重量に対してどれだけ力を加えたり、処理したりできるかです。

力はその重さをどれだけの時間で処理したのか、速さとの掛け合わせになります。たとえば、60キロのものを10秒かけて持ち上げた人と、1秒で持ち上げた人は「パワーが違う」という表現をします。発揮した力自体は同じ60キロを持ち上げたわけですが、力、パワーという指標においては、速さや長さ、角度の要素も含まれます。天井からぶら下がった縄に、しがみついて登っていくとき、瞬間的な力はものすごくあったとしても、1秒しか発揮できないのなら、その人は天井まで行き着くことができません。その力を、どれだけ長く発揮し続けられるか、持久力の側面も備えることになります。そういう意味では速さ、力、持久力の3つは、複雑に関係し合うものだと言えます。

　また、3つの基準をより細分化すれば、スピードは反応の速さ、加速や減速の速さ、方向転換の速さなどに分けられます。その組み合わせもあり、たとえば加減速と方向転換の組み合わせとして、バスケットボールでディフェンスがマンツーマンで付くことを戦術として選手に求めたとします。しかし練習を見ると、実はアビリティは自分から意図的に加速する方向転換しかやっておらず、相手に反応してリアクションで加減速する方向転換をまったく練習していなかった。これらは細分化した速さとしては別物です。決まったコースをジグザグに走るのは速いけど、相手に反応して動くのは遅いとか、逆にそれが速い人もいます。分解する観点をもつと、みなさんの携わる競技に置き換えて、細分化ができると思います。そして、効果

ストラクチャー

ドリル、再現性があるもの

例）2人組での対面パス練習

アンストラクチャー

再現性がないもの

例）試合または試合形式の練習

も限定的にならずに計画も練習も面白くなってくると思います。

陥りやすい注意点としては、課題であるポイントに取り組むことは必須ですが、それ一つに囚われすぎると、ストラクチャー化された限定的な効果になりがちです。ストラクチャーとは、ドリル、再現性があるもの。逆にアンストラクチャーとはやり方に決めごとがなく試合形式に近い形になり、再現性がないものです。たとえば、2人組での対面パス練習は、ストラクチャードリル練習になる一方で、二度と再現されないものがアンストラクチャーな練習になります。

要はパフォーマンスを分解した結果、アビリティの一部分が課題だからと、そこばかりに注力すると、ストラクチャー化しすぎた練習になってしまい、効果が限られてしまいます。そこにテクニックやスキルといったほかの要素を掛け合わせ、パフォーマンスチューブの全体を捉えることが大事です。持久力の細分化で言えば、競技によっては持久力の裏側にある、回復力が大事になることもあります。持久力は長くプレーするための能力ですが、その裏には早く回復する能力も含まれます。

たとえば、ラグビーやサッカー、バスケットボールなどでは、どれだけ速く、どれだけ長く正確に繰り返すことができ、どれだけ早く回復し、ベストパフォーマンスに戻ってこられるかが重要です。それは速さだけでなく、パワーも同様で、10回重いものを持ち上げたあと、どれだけ早く回復して、また10回持ち上げられるようになるか。競技で言えば、どれだけ早く回復して、タックルやシュートの威力と正確性を最大レベルに戻せるか。

持久力には速さや力を維持・繰り返すこと、回復させること。両方の視点があります。そうした要素を競技ごと、動作ごとに目指すパフォーマンスに適したアビリティとして鍛えられているかがポイントです。『速さ』『力』『持久力』の3つを基準に、練習内容の妥当性を見極めてもらいたいと思います。

最終的にこの本が目指すのは、読んだみなさんが自分自身できちんとパフォーマンスを分析し、チームや選手の練習をデザインできるようになることです。まずは、「知ってもらう」こと「見ようとすること」の入り口としてこの本が役に立ってもらえたらと思っています。

たとえば、10代のサッカー選手が「とにかく走れ」と言われ、死ぬほど走らされているとします。それはアビリティの、どの要素にアプローチしているのか。どういう速さがほしいのか。練習で十分に走っているのに、試合では違う種類の速さやパワーを求められたりしたら、選手にとっては地獄です。何度もお伝えしていますが、完璧なプランをいきなり目指すのではなく、この3つの指標を知っていたら、ズレや違和感というなんとなく感じる暗黙知に気がつくきっかけになると思います。

テクニックの3つの指標『ライン』『ポジション』『タイミング』

次はテクニックの指標です。動きの巧みさは『ライン（姿勢）』『ポジション（部位）』『タイミング（起点）』。この3つで見極めることができます。

『ライン』とは姿勢のこと。前から見た姿勢、横から見た姿勢、上から見た姿勢など、つまり『線』のことです。身体の中にどんな直線があるのか。頭から腰までに直線があるのか。腰から足首にかけて直線があるのか。

巧みに身体を動かしている人を見ると、格好良さや美しさを感じるものです。たとえば、ハイヒールを履いた女性を思い浮かべてください。プロのモデルが颯爽と歩いて行く姿が、なぜ美しいのかと言えば、歩行の要所となるタイミングで必ず『ライン』（直線）ができているからです。モデルの足が着地している最中を思い浮かべてください。足が一直線に伸びているのがわかると思います。足だけでなく、頭から足先までが、真っ直ぐ伸びていて、美しい

（図6）見るべきは『ライン』の有無

『ライン』あり

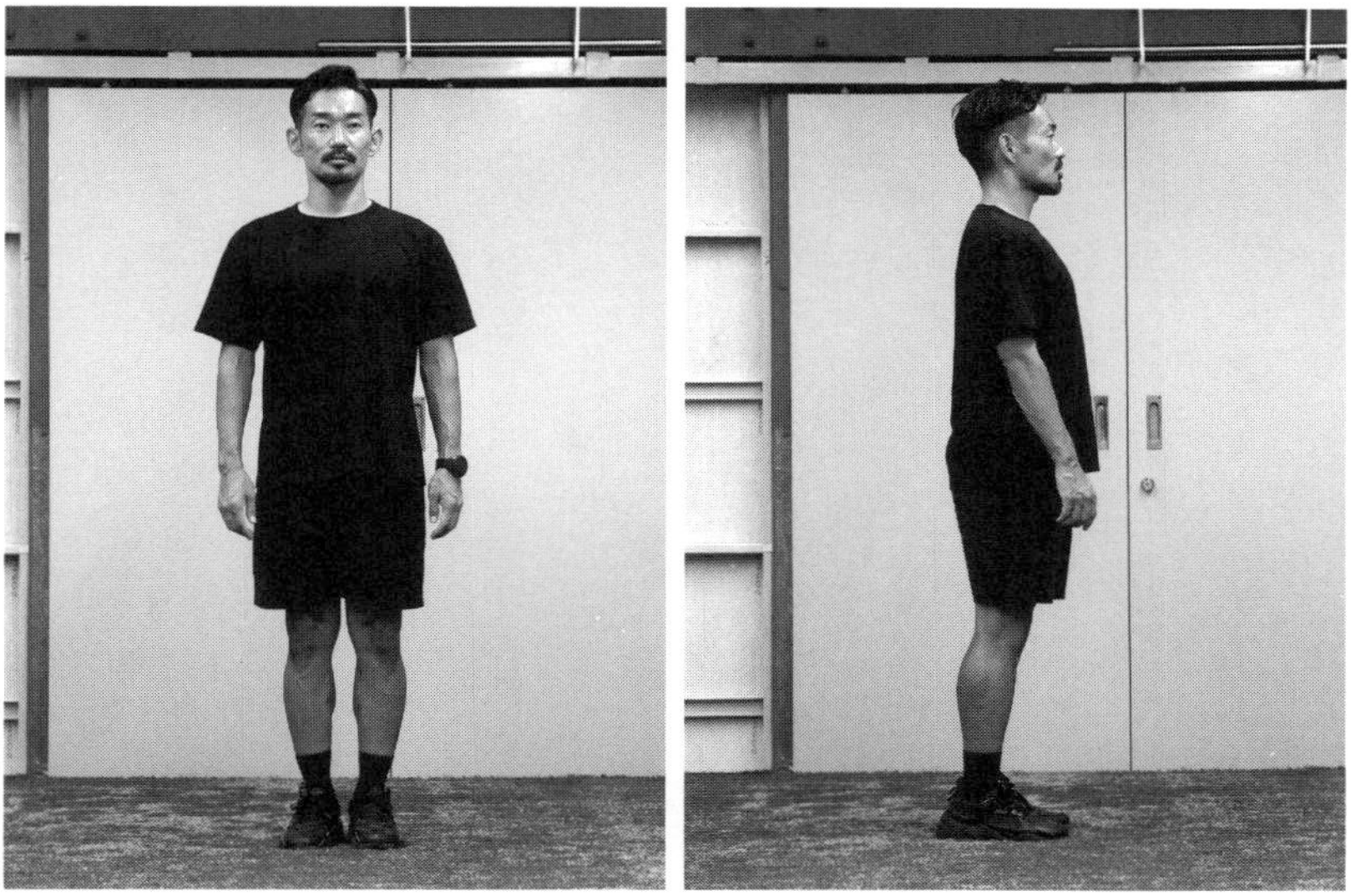

頭から足先まで真っ直ぐにラインがある

『ライン』なし

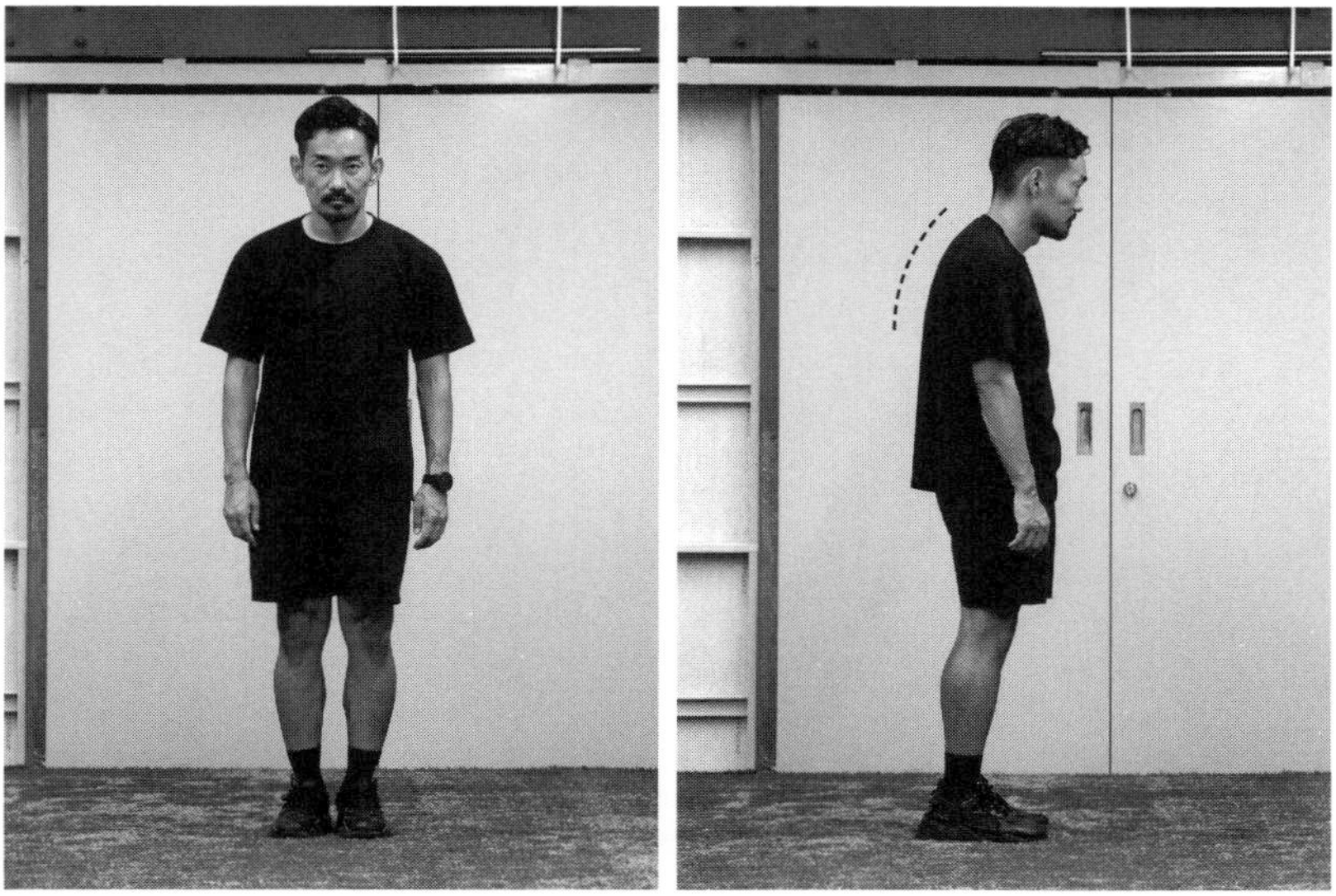

上半身が猫背になっているため、真っ直ぐ伸びるラインがない

姿勢には『ライン』があります（図6）。

普通は、足が着地したときに膝が曲がってしまいがちで、美しさの差が生まれます。そういった見た目の格好良さ、美しさの部分で違和感を覚えるかどうかは、重要なきっかけです。動きの見た目の違和感は、テクニックの何かが崩れている可能性が高いからです。ハイヒールの歩行で言えば、膝が曲がって不格好になった姿勢は『ライン』に問題が起きています。特に我々日本人は着地中に膝ががくりと曲がってしまうケースが多い。

モデルウォーキングの専門家でもないのに、「正しいハイヒールの歩行を見極めなさい」と言われても、どこから見ればいいのか戸惑うかもしれません。ただ少なくとも、人の身体の動きの中に、『ライン』（直線）があるかどうかは判断がつきやすいと思います。

人間の身体の動きは、すべては一単位動作の積み重ねであります。ハイヒールの歩行について知識がなくても、同じ人間の身体なので、巧みな動かし方であるかどうかは、まず『ライン』（直線）の有無を見ればいい。そうすれば、未知のハイヒール歩行であっても一種の「種目」の概念を取っ払って観察ができるのではと思います。この『ライン』が、テクニックを見るための一つ目の指標です。

ラインは上半身、下半身、そして上半身と下半身をつなぐラインと、大きく3つに分かれます。さらに細かく言うと、ラインを、正面と側面の2方向から捉えます。ハイヒールの歩行で言えば、上半身から下半身まできれいに直線がつながった美しい歩き方をする人、全身にラインがない人、あるいは上半身の姿勢は良いけど膝ががくりと曲がって下半身につながらない人、逆に下半身のラインは真っ直ぐできれいだけど、上半身が猫背という人もたくさんいます。上半身と下半身のラインは、それぞれ作用し合うため、上半身のラインを直すとつられて下半身も直る、ということは多い。

立ち姿だけでなく、着座した姿勢でも、姿勢が良い人は上半身を横から見ると、真っ直ぐのラインが見えます。逆に猫背の人は1本のラインではなく、カーブのような見え方になります。大事なのは、そこにきれいな直線があるのかどうかです。『ライン』は静的な画像として見極められるので、非常にわかりやすいと思います。

『ポジション』によって身体の部位と場所の関係性を言語化

次は『ポジション』です。ポジションはラインを構成する身体の各部位（頭、肩、腕、手、胴体、腰、膝、足首）がどの位置にあるかです。ラインが線なら、ポジションは点。「右手を上げてください」と言われたとき、それは真横から見た状態で、手を上半身のラインよりも前側に上げてほしいのか、後ろ側に上げてほしいのか。正面から見て、肩のラインよりも上なのか下なのか。

その場所を示すのが『ポジション』です。身体の部位と、場所の関係性を言語化します。たとえば、速く走るときの腕の振り方は、どうやって指導するのがいいと思いますか？　私はよく「指先が交互に空と地面を向くように振ってください」と言います。片方の指先が真っ直ぐ上空へ伸び、もう片方の指先は真っ直ぐ地面へ向いている。そんな静止画を想像してみてください（図7）。ウサイン・ボルトのような、スプリンターの走り方が思い浮かびませんか？　この肩から動く腕振りが（脚をスイングする力をサポートし、より効率よく力を発揮することができます）、足を引き上げる力になり、より速く走ることにつながります。

一方、腕のポジションに問題があり、指先が前を向いてしまったり、真後ろを向いてしまったりすると、単純な肘の曲げ伸ばしの動作になってしまい、腕振りが足と連動せず（脚をスウィングする力が弱くなる）、足を引き上げる力が弱くなります。そういう腕の振り方をする人はたくさんいるので、腕のポジションについて「空・地面」という客観的なガイドを作ってあげる。指標が一つあれば、本人は直すのが容易になり、見る人にとってもその腕振りがいいのか悪いのか、評価しやすくなります。言語化された指標を置くのは、とても大切なことです。

また、『バッドワード』を避けられるのも大きなポイントです。たとえば、腕振りをするときに、肩が上がってしまう人がいたとします。これをどう直しますか？　おそらく多くの人は「肩を上げるな」と言うでしょう。でも、やっている人は肩を上げたくて上げているわけではありません。無意識に上がってしまっている状態です。「上げるな」と言われても、なかなか自分では直せないのです。

そこで私はポジションの指標を伝えます。「手首が腰の下を通るようにしましょう」と。そうすると、肩は自然と下がっていくと思います。いった

(図7) **速く走るときの腕の『空・地面』**

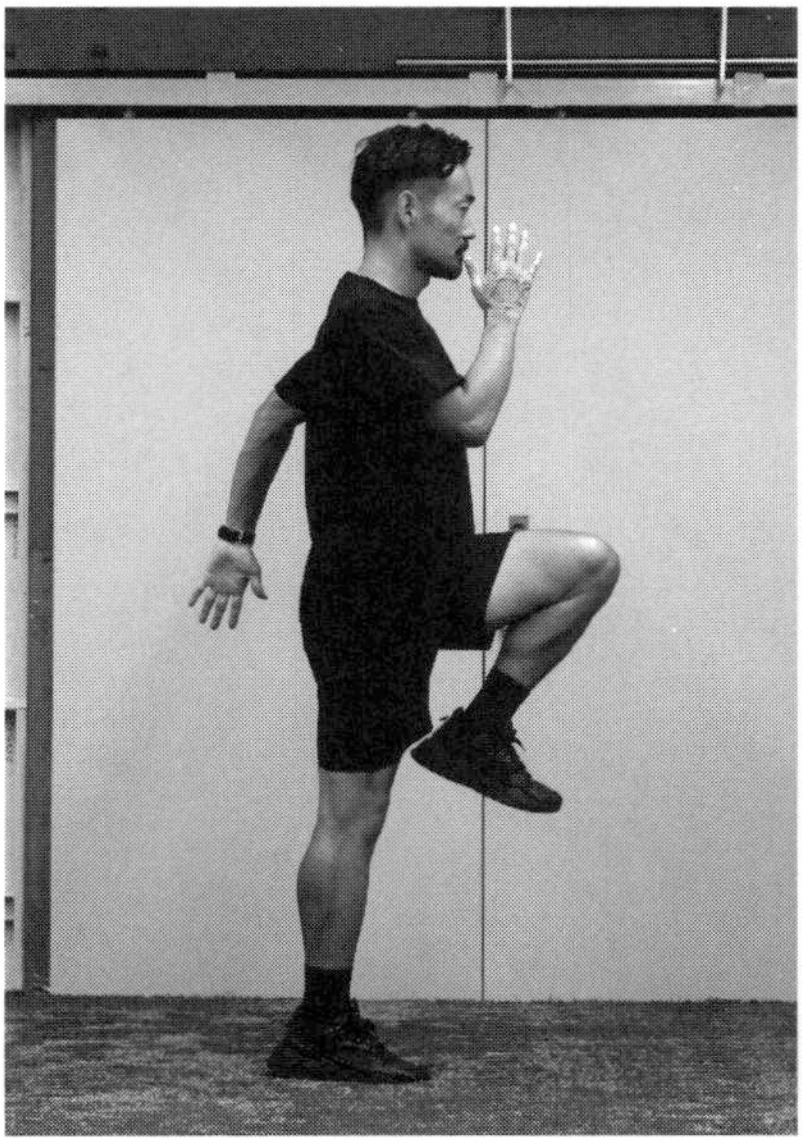

速く走れそうな腕の『空・地面』

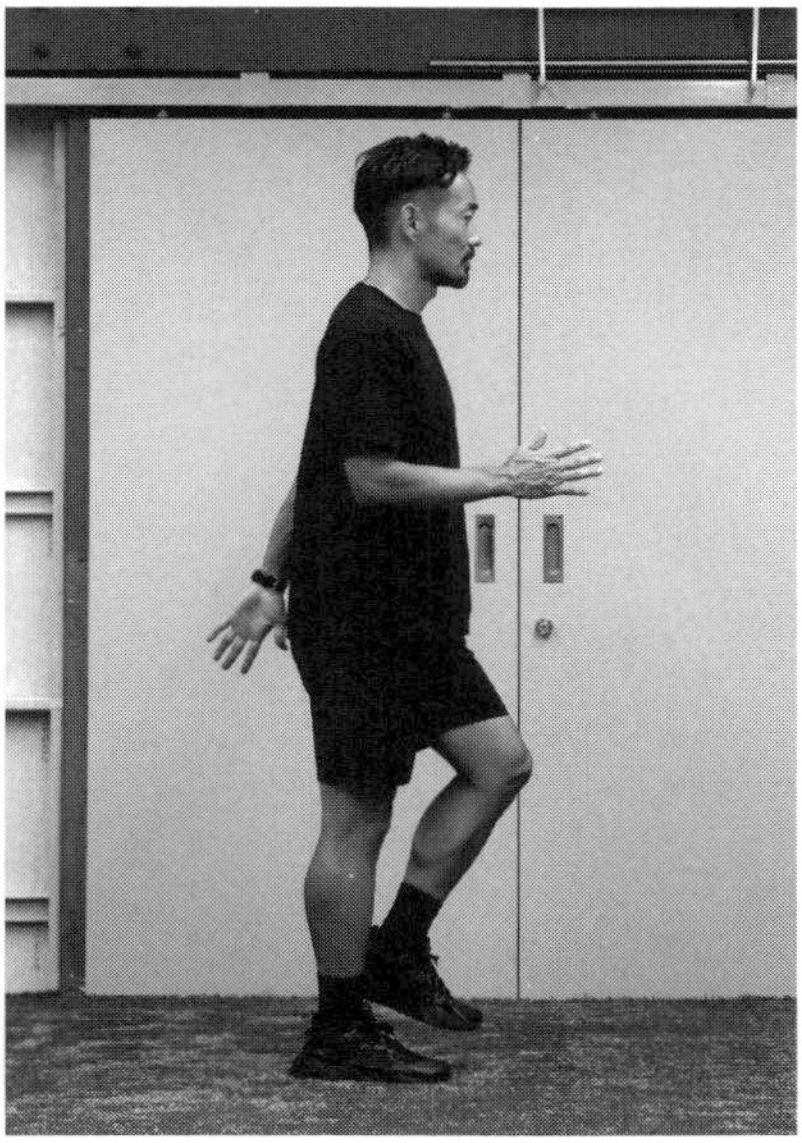

速く走れそうもないときの腕

ん本を置いて、実際に腕を振ってみてください。手首を腰の下を通すようにして空・地面で振ると、肩が上がることはない。肩のポジションを変えるより、手首のポジションを変えるほうが人間にとっては簡単です。肩が上がる癖は、こうしたほかの身体部位のポジションから直すことができるのです。

また、「肩を上げるな」「肩を下げろ」といったバッドワードは、どうしても本人の肩に対するネガティブな意識を増幅させます。この点はある研究でも明らかになっており、「水をこぼすな」と厳しく言われたら、一瞬、こぼして怒られるネガティブな未来を想像しますし、言われれば言われるほど、逆に意識してしまいます。でも、「しっかり容器をつかんでね」と言われれば、ネガティブな想像はせず、結果としてこぼさなくなると言われています。それと同じことです。「肩を上げるな」ではなく、「手首が腰の下を通るようにしよう」と具体的なポジションでアプローチすれば、パフォーマンスは見違えるように変わりま

す。

もう一つ、走り方について具体的な例を挙げるとすれば、足の動かし方もポジションで直すことができます。たとえば私が指導するときは、足首の高さを「A」、すねの高さを「B」、膝の高さを「C」と定義し、「Aの高さで足踏みしてください」「Bの高さで足踏みしてください」「Cの高さで足踏みしてください」とABCで高さを切り分けて伝えます(図8)。こうやって言語化すれば、実際にデモンストレートする必要はありません。頭の中でイメージし、「ABCのどれが一番速さが出そうですか?」と質問すると、「おそらくCが速そうだ」と。または「脚が流れている」ではなく「Cを意識しよう」など、身体を動かすべきポジションの関係性を説明することができます。

(図8) 足の動かし方をポジションで説明する

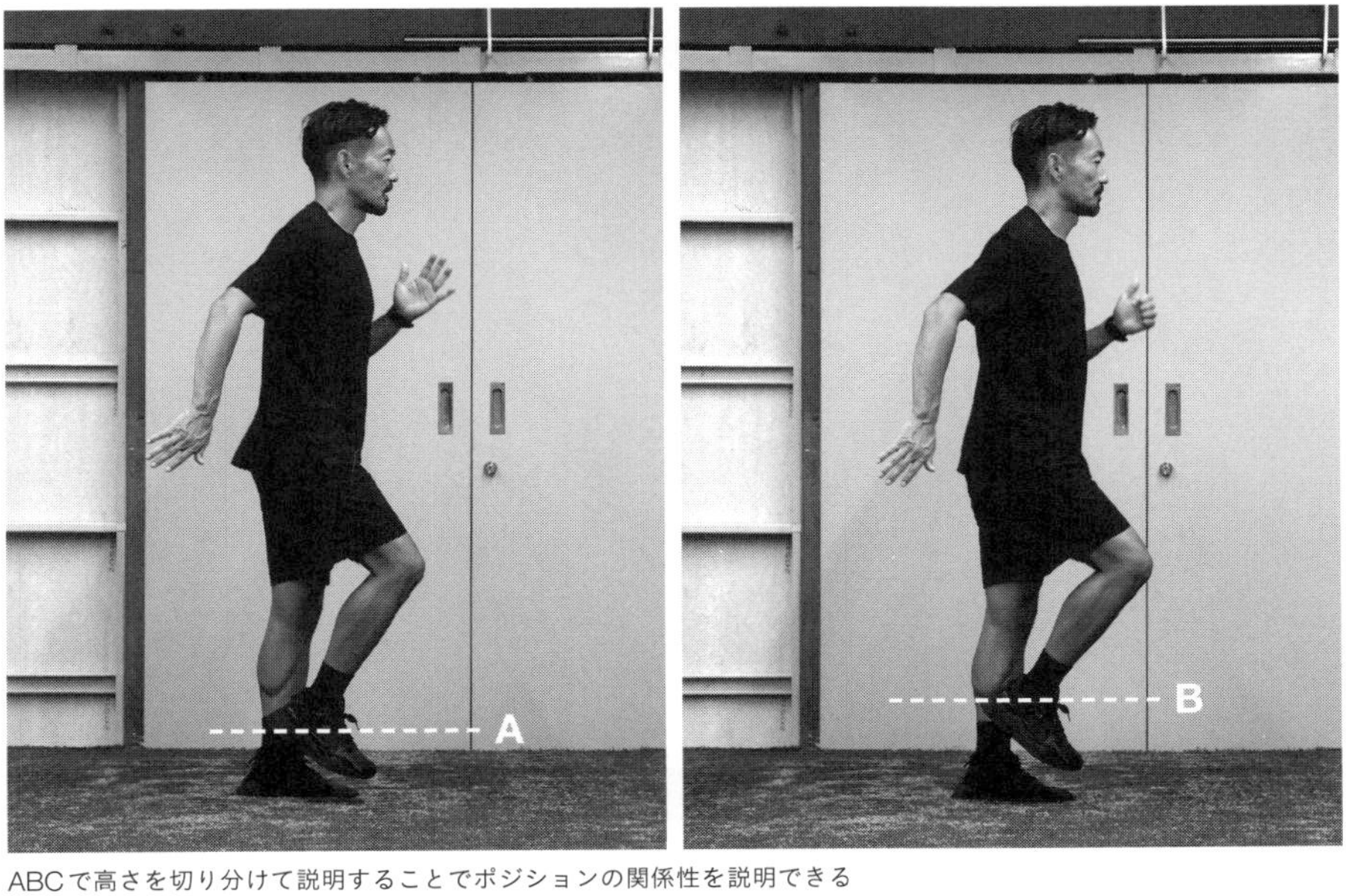

ABCで高さを切り分けて説明することでポジションの関係性を説明できる

テクニックの分析では『タイミング』が最も難解

テクニックの指標の3つ目は『タイミング』ですが、ここまでの2つ『ライン』と『ポジション』は、静止画上の線と点で理解できる内容でした。それらが示す理想の姿勢が、写真の一コマ一コマだとすれば、そのコマがパラパラ漫画のように移り変わり、実際の動きになっていく。そのときコマからコマへ移行する際の『タイミング』が、テクニックを分析する際の3つ目の指標になります。

たとえば、速く走るときの腕振りでいえば、右手の指先が最高点に達して空を指したとき、左手の指先は最下点で地面を指しています。このコマから両腕が入れ替わり、今度は右手の指先が地面へ、左手の指先が空へ向かうわけですが、このような動作の転換が起きたとき、次のコマへ辿り着くタイミングが一致しているのか。

右手が最下点を指した瞬間、左手がそれに追いつかず、最高点へ達していなければ、それは動きのぎこちなさとして表れます。パフォーマンス的にいえば、力がスムーズに伝わらず、エネルギーのロスが起きている状態です。みなさんも実際に立って、走るイメージで『空・

地面』を指しながら、腕振りをしてみてください。タイミングが合い、スムーズに腕を振れているかどうかを感じてみてください。

同様に、足（脚）の動きにもタイミングがあります。たとえば歩くときは、右足を踏み出して着地し、両足が着地したあとに、反対の左足が右足を追い越すように前方へ上がります。両足が入れ替わりながら歩行を行うわけですが、一方で走るフォームを考えると、このタイミングが変化します。右足を最高点に上げた状態から、下げると同時に反対の左足が上がります。両足が着地する「コマ」はなく、跳ねるようなイメージで空中で両足（両脚）が入れ替わります。

その後、右足が着地し身体の真下を通過するタイミングで左足が最高点にいる「コマ」へ辿り着きます。

その場で腿上げをする動きの際には、空中で脚が入れ替わり、右脚が着地した瞬間に、左脚は最高点に到達しているコマになります。着地と最高点のタイミングをわざとズラしてみると、とても違和感を覚える動きになると思います。

この「歩く」と「走る」について、足の動きの違いがわかれば、タイミングを理解したといえます。「両足が地面に着いたあとのタイミングで、もう片方の足を最高点へ上げてください」と提示されれば、歩く動きになり、「両足を空中で入れ替えながら、片足の最高点ともう片方の最下点を同時に作ってください。着地した瞬間に、逆の足が最高点にありますか？」

と説明されれば、（腿上げのような動きになり、走る動きに近づいていき）走る動きになります。

歩きも走りも、片足が最高点で、もう片方の足が最下点にあるコマの『ライン』と『ポジション』は似ていますが、そこへいたるタイミングで大きな違いが出るわけです。実際に身体を動かしてみると、その違いがわかると思います。

テクニックの分析は、このタイミングが最も難解かもしれません。ラインやポジションは静止画を見ればわかることですが、タイミングは、コマからコマへ移る際のラインやポジションのずれ、遅れや早まりを見極めなければならないので、少し難しくなります。とはいえ、タイミングがずれているときは、動きにぎこちなさを感じることが多いので（タイミングエラー）、その違和感は気づくきっかけになるはずです。すべての動きの正確なタイミングを知ることはかなり難しいので、まずはタイミングという現象に対して興味をもってもらえただけで、ご自身へ合格点を出していただきたいです。

また、注意していただきたいのは、ここで言うタイミングとは、『テクニック』の領域であること。たとえば、飛んできたボールにタイミングを合わせてグローブを出したり、バットを振ったり、あるいはサッカーで2秒待ってから飛び出したり、1人かわしたあとでパスをするなど、そういった外部との関わりで見極めるタイミングは、『スキル』の領域です。ここでは外部との関係性ではなく、自らの身体部位を動かす上での連動性、という意味でのタイミングです。

バッドデモの感覚がわかれば正しいタイミングも明確になる

タイミングについて、もう一つの例を出しましょう。両腕を前へ伸ばして拳を空へ向け、右肘と左肘を交互に曲げたり、伸ばしたりする運動を行います。右肘が伸展した（伸ばす）瞬間、左肘は完全に屈曲（関節を曲げる動作）をする。実際にやってみてほしいのですが、そのタイミングがぴったり合うように交互に曲げ伸ばしをするのは意外と難しいものです。合っているように見えても、実は屈曲のほうが早かったり、伸展のほうが早かったり。正確なタイミングで動かすと躍動感が出ますが、逆に正確ではないと、どこか締まりのない動きになります。

関節の屈曲と伸展、始点と終点、最高点と最下点、あるいは着地点や踏み切り点など、タイミングは動作のさまざまな転換点に存在するのですが、それが合っていると動きが滑らかに見え、人間はなんとなくいい動きだと判断します。

一度試しに、タイミングを意図的にずらしてやってみてください。動きにすごく違和感があって、速く走れそうにないことに気づくと思います。腕振りや腿上げでも、わざとタイミングをずらしてやってみてください。バッドデモの感覚がわかれば、逆に正しいタイミングに合わせる感覚も明確になります。

たとえそれがもともと、暗黙知でできる動きだとしても、意図的にタイミングがずれた状態を経験しておけば、なんらかの要因でスムーズに動きを再現できなくなったときに役立ちます。どこに問題があるのか、どうやって調整すればタイミングが合うようになるのか。方法を明確に知ることができるからです。また、いつの間にかずれていた、といったときにも気づきやすくなるでしょう。グッドデモでタイミングを合わせることはもちろん大事ですが、後々の安定したパフォーマンスを保つ上では、バッドデモでずれたタイミングを意図的に再現し、よくない感覚を知ることも重要です。

こうしたライン、ポジション、タイミングに基づく走り方のトレーニングはコーチと選手とで評価の指標が揃えられるため、コミュニケーションの量が多くなると感じています。選手が実施している最中にも言語化されたキーワードを投げたり、すぐに個人や選手同士で振り返られたり、バッドな動きで改めて、グッドを再認識したり。自分や仲間の動作について考える回数が多くなりますし、グッド・バッドの言語化によって私自身も選手からも多くの学びを得ています。

コーチがいなくても『自走可能な選手』へ導く

実はトップレベルのアスリートでさえ、そういう人は多いのが現状です。当時アジアレコードをもっていた短距離の選手を指導した際、腕振りを腰の下を通して『空・地面』の概念を伝えたところ、「すごい！　腕が振りやすくなった！」と感動してくれました。記録をもつほどのアスリートですら、このような指標に触れたことがなく、選手自らの努力に頼るしかない状況でした。

そんなとき、先程のグッドとバッドデモで触れたように私は正しい振り方を教えるだけでなく、あえて、『空・地面』の空を示す指先が下がって、前へ近づくと、速く腕を振れなくなることを経験させたりします。これはラインもタイミングも同じですが、悪いポジションを知ることで、いいポジションの感覚が明確になるわけです。そうやって指標の扱い方をふくらませることで、私がそばにいなくなっても、選手は自らパフォーマンスを改善できるようになる。コーチがいなくても、『自走可能な選手』になるわけです。

こうした身体の巧みな動かし方は、おそらくレベルに関係なく、日本では「世の中の謎」として置いてけぼりになっている状況だと感じます。しかし、感覚頼りになっていた暗黙知をライン、ポジション、タイミングという3つの指標で言語化すると、落ち着いて動作のテクニックを知ることができる。そして知ると、見えるようになる、見えるとできるようになる。たとえばほかの人の動きを見たとき、「空・地面のタイミングがずれています」「左手と右手が同時に空と地面を指していません」といった具体的な指摘ができるようになるわけです。

自分のタイミングがわかれば、他人の動きを見るときの観察力も上がり、その逆もしかりだと思います。他人を見られるようになれば、自分へのインプットも巧みになる。私は両方やってほしいと思っています。自分ができれば、他人に教えられる。他人に教えられれば、自分もできるようになる。そのために、まずは知る、見ようとするということから始めてほしい。そういう好循環を作ってほしいと思います。

スキルの3つの指標『スキャン』『ジャッジ』『ディシジョン』

アビリティとテクニックに続き、最後はスキルの指標です。スキルの定義は、アビリティやテクニックを対人、変わりゆく状況や戦略、戦術の中で発揮することでした。それを見極める指標は、『スキャン（認知）』『ジャッジ（判断）』『ディシジョン（決断）』の3つになります。

『スキャン』は認知のこと。たとえば、今ここに4人がいるとします。「黒い服を着ているのは何人ですか？」と問われたとき、それが正しく見えて、情報として認識できたかどうか。それを評価するのがスキャンです。

『ジャッジ』は判断のこと。ジャッジメントです。黒い服を着ている人が、3人いるのは見えていたけど、それを問われたとき、全部で4人いたので、3と4で判断を間違えて4人と答えてしまったり、あるいは問いの意味を勘違いしてしまったり。そういった失敗がなく、正しい判断を行うことができたかを評価するのが、ジャッジです。

『ディシジョン』は決断すること、実行すること。黒い服の人が3人いることは見えていて、3人と判断した。だけど、そう言えなかった。実行に移せなかったり、時間切れになってしまったり、あるいは3人か4人かで迷い、判断としては大方3人に決まっていたのに、実行フェーズで4人と答えてしまった。もっとも、この場合はジャッジにも不備はありますが……。もしくは3人だとわかっていたのに、反射的に4人と答えてしまった。これも起こり得ることです。こうした未遂や失敗がなく、決断して実行できたかどうか。それを評価するのがディシジョンです。

ラグビーやサッカーでいえば、スキャンで状況を見る。ジャッジで右へ行くか、左へ行くかを判断する。ディシジョンで右へ行くと判断したことを実行する。そんなイメージです。

付け加えるなら、スキャンとジャッジは過去に対して行うこと、ディシジョンは未来に対する行動と定義することができます。「黒い服は何人ですか?」といった問いは、すでに起きている現象に対し、何が正しいかを判断するものです。スキャンを行い、「3人」とジャッジしました。一方、「それを発言してください」という決断は、未来に対して行うものです。その結果がどうなるかはわからず、間違うリスクもありますが、決断する。ディシジョンは未来に対する行動です。

どちらかといえば、判断や決断は、経験や学習（予習）の中で行われます。このタイミングでパスを出すと奪われてしまうから、1回溜めて出そうとか、もっと早いタイミングで出そうとか。それは過去の経験に基づいて学習されたり、もしくはそれを未来の学習として、コーチが「こういう状況になったら1回戻そう。こうなったら、パスはしないほうがいい」とジャッジの予習をさせてあげる。選手自身がほかの試合を見て学ぶこともできますが、こうした働きかけは基本的にコーチの役割になります。このスキャン・ジャッジ・ディシジョンはパッと見て評価するのは難しいので、選手に対して「今のはどう考えていたの?」「どうしようとしたの?」と問いかけることが大切です。どの段階で失敗していたのか、または、実は間違っていなかった、ということも知ることができます。選手もこのプロセスを知ることで思い切ったプレーができるきっかけを掴むかもしれません。

9つの指標で言語化すれば感覚に依存せずに実行に移せる

これで9つの指標が揃いました。アビリティを分析する指標が、『速さ』『力』『持久力』。テクニックを分析する指標が、『ライン』『ポジション』『タイミング』。スキルを分析する指標が、『スキャン』『ジャッジ』『ディシジョン』です。

暗黙知のような個人に依存する経験で、「もっと腕を振れ」「肩を上げるな」「周りを見ろ」などとコーチに指示されても、選手本人は「わかってはいるけどできない」「やり方がわからない」と困ることはよくあると思います。

そこを9つの指標から言語化する。速く走るために、テクニックにアプローチして腕の振り方を修正したいとき、「もっと腕を振れ！」ではなく、『ポジション』を具体的に「空と地面を指差そう」と示してあげる。「肩を上げるな！」ではなく、「手首が腰の下を通るように」とポジションを示してあげる。足の動かし方も、「高く上げろ！」ではなく、その「高さ」がどれくらいなのか。Aは足首の高さ、Bはすねの高さ、Cは膝の高さと具体的に設定し、ABCでポイントを示してあげる。そうすると個人の感覚に依存せず、選手は加速ではC、減速ではAの高さなど、何をすればいいのかがハッキリとわかります。

たとえば、このCの高さを通す足の動きは、股関節中心のスイング動作ですが、足が後ろに流れて前へもってくるのが遅い選手に対しても、「足が流れないように！」といったバッドワードではなく、『Cを通そう』と明確なグッドイメージで修正することが可能です。同時に、Cを通るくらいの位置へ脚をスイングしなければ、後ろ足が流れてしまうバッドな現象も理解できるため、グッドデモとバッドデモの両方でパフォーマンスの理解を助けてくれます。こうした両輪によるアプローチがあれば、バッドになったときの違和感や、身体のズレを感じ取りやすくなるため、その後自らパフォーマンスを改善していく上でも大事なポイントになります（※この章の巻末の連続写真や動画による例を参照）。

このように自分が目指すパフォーマンスに対し、9つの指標を使い、一つひとつの要素を分解して切り出す。そして、どこからアプローチするのかを考える。そうやって改善の方法を具体的に言語化していきます。

子どもの跳び箱に当てはめる『9つの指標』

もう一つの例として、子どもの跳び箱を考えてみましょう。学校の体育や体操教室などで、跳び箱が苦手な子どもに対し、大人が声がけをしているとします。「思いっ切り行け！」「もっとバーンとロイター板（踏切板）を踏んで」と。しかし、何か問題を抱えて跳び箱を跳べていない子どもは、そうやって抽象的に、感情的に言われても、どうしていいのかわからないはずです。

そこで9つの指標を思いだしてください。

まずはアビリティ。跳び箱を跳ぶための身体能力をチェックします。助走の速度は足りているのか。ロイター板を踏む力は足りているのか。もし、

（図9）パフォーマンスチューブモデル

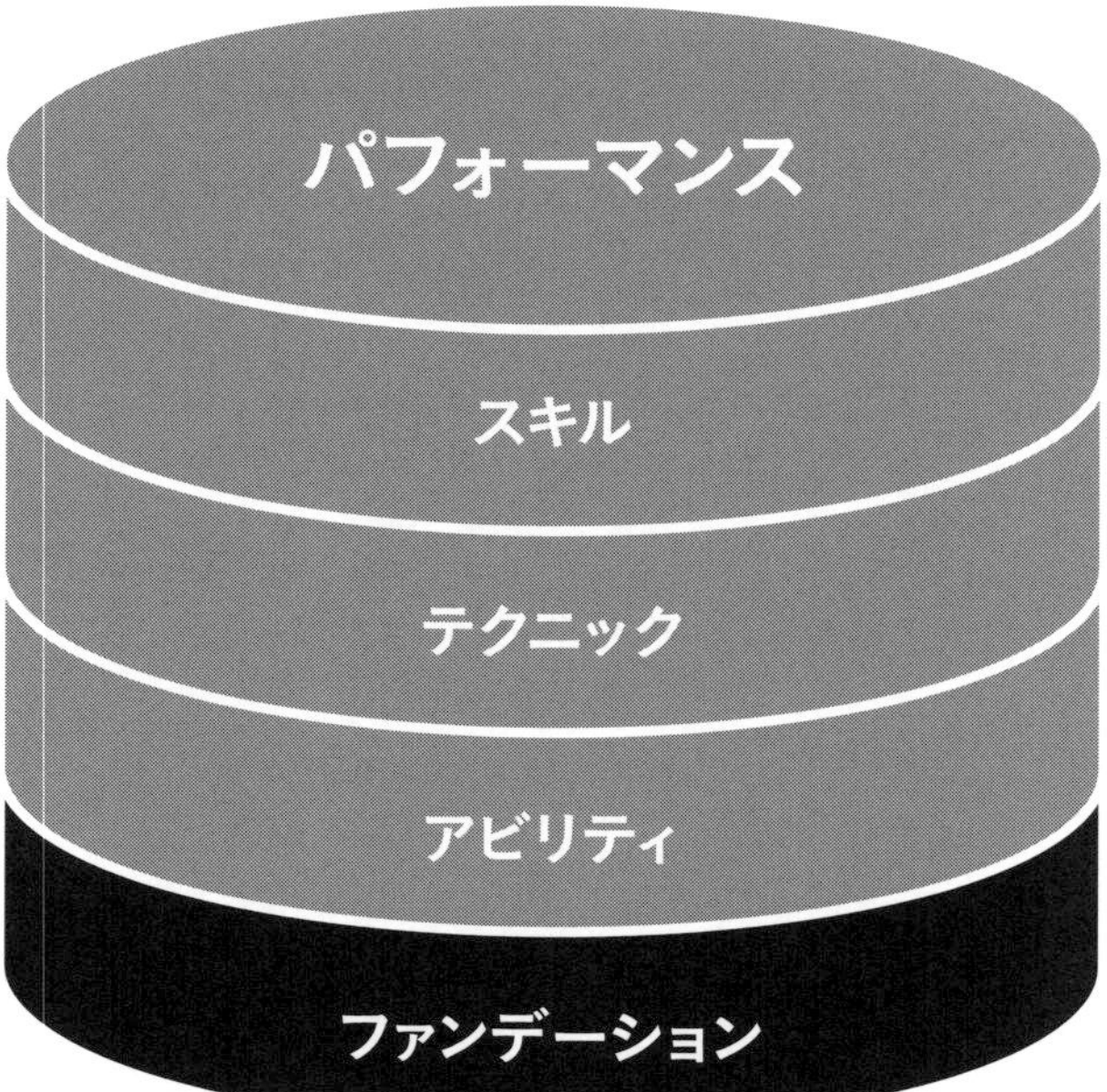

アビリティのさらに下の階層に「ファンデーション」を位置づけ、身体の柔軟性、可動性、安定性が担保できているか、気にかける必要性も頭に入れておきたい

ここで不足があれば、一度跳び箱を横に外し、ロイター板とマットだけで助走と踏み切りの練習をしようと、切り分けることができます。

あるいは跳び箱の上で身体を支えるための、腕の力は十分なのか。たとえば子どもの両足を持って、手で歩行させたとき、支え切れずに肘が曲がってしまう子は、自分の体重を支えるための筋力が備わっていない可能性があります。跳び箱を無理にやらせるのは危険かもしれません。こうして足、腕など、一つひとつを切り分けて見ます。

次はテクニックです。身体の巧みな動きをチェックします。上半身のラインはできているのか。両腕を真っ直ぐ下へ伸ばし、上半身と腕のそれぞれに『ライン』が形成されているのか。肘が曲がるとパワーが外へ逃げてしまうため、跳び箱の上で身体を支え切れず、ぐにゃりと倒れてしまいます。アビリティがあるのに肘が曲がっている子がいれば、動きとして伸ばすように声をかけてみます。たとえば、上半身のラインが猫背になると、手をつくポジションが前に行き過ぎて、体重を支え切れず、腕のラインがぐにゃりと曲がりがちです。あるいは、足を開くタイミングでラインが崩れて猫背になっているとすれば、ファンデーションの階層（アビリティのさらに下の階層）として、身体の柔軟性、可動性、安定性が担保できているのか、チェックが必要です（図9）。

跳び箱の上で身体を支えるためには、手をつく『ポジション』として、最初は肩の真下に手をつき、そこから身体が移動し、一番力が入るときには胴体の真下になると思います。一方、自分の身体より前側に手をつくと、手が斜め下向きになり、身体から手が離れすぎて体重をしっかりと支えられません。跳び箱の真横に立ち、手をつくポジションが真下だったのか、前だったのかをチェックします。

『タイミング』はどうか。踏み切りと手をつくタイミングが同時になってしまってはいないか。速すぎていないか、遅すぎてはいないか、その結果、上半身のラインや腕のラインが崩れてはいないか。また、このように踏み切りと同時に手をつくと、上半身が曲がって『ライン』が崩れるため、ロイター板から受けるジャンプ力も弱まってしまいます。「○○した瞬間に」「○○したあとに」「○○する前に」「○○になったときに」など、ラインやポジションの場所の関係性やその時間軸で、タイミングを言語化すれば、何を改善すればいいのかがわかります。

一方、跳び箱を跳べるかどうかは一人で行う動作なので、スキルの影響はあまり受けませんが、ポジティブなアプローチで影響を与える方法は考えられます。たとえば、踏み切りや着地の場所、手をつく場所に印をつけるなどして、『スキャン』と『ジャッジ』を手助けする。

こうした方法は有効でしょう。

ほかにもアプローチはさまざまに考えられます。公園に埋めてあるタイヤの遊具を跳んでみたり、馬跳びをしてみたり、環境を変える方法もあります。跳び箱は助走とジャンプを組み合わせた、やや複雑な動きになりますが、タイヤの遊具や馬跳びには跳び箱ほど助走がないので、肘のライン作り、手をつくポジション作りに特化し、切り出して一つずつを感覚に染み込ませることができます。

本来は子どもによって、跳べない理由はその現象ごと、特徴ごとに違います。ともすれば、「もっと思いっ切り走ってみよう」とか、「もっと強く踏み切ってみよう」といった抽象的なアプローチが正解な場合もあります。重要なことは、その言葉がどのパフォーマンスに対してアプローチしているのか。そして、それが子どもの現状と照らし合わせて、正しい方法なのかどうか。原因を理解した上でアプローチを選択していれば、ＯＫです。たとえば、テクニックに問題を抱えている子どもに、「もっと思いっ切り走ってみよう！」は不正解かもしれません。強い踏み切り方がわからないのなら、「もっと強く」ではなく、「両足で踏もう」「助走を速くして跳ぼう」「両足で音を出してみよう」「音がバラバラにならないようにしてみよう」「腕をここまで引いてみよう」「短い時間でここまで引いてみよう」など、強く踏むにはどうすればいいのかを、言語化して伝えていくことで、コミュニケーションが生まれ、自分がこうだと思っていたことも、実際にはずれがあるということを子どもとの会話の中で気づかされることもあるかもしれません。しかし、これも言語化をしているからこそずれに気がつけるのだと思いますし、繰り返すことによって問題も絞り込まれていくと思います。

コーチングには専門的な知識と伝える能力の両輪が必要

一方、テクニックやアビリティではなく、マインドに対してのアプローチであれば、「思い切り行きなさい」というのも、実はコーチング手法の一つです。コーチの能力は、専門的な知識と伝える能力の2つに分解することができるのですが、たとえば、専門的な知識は詳しいけど、ものすごく話が下手な人に教えてもらうと、まったく意味がわからない。おそらく、上達しないでしょう。逆に自分でも知っているようなことなのに、巧みな話術でコミュニケーションを取られると、不思議な満足感があると思います。

私は両方が合わさって、初めてコーチングであると考えています。パフォーマンス改善のコミュニケーションを取るためには、アビリティ、テクニック、スキルによる専門的な分析が出発点です。そのベースがなければ、相手の運動に問題を感じたとしても、何をどう伝えていいのかわからず、コミュニケーションの第一歩に到達できないでしょう。専門的な知識と伝える能力、この両輪の必要性はさまざまな現場で感じています。

その不足を解消するのが、ここで取り上げた9つの指標です。先程は跳び箱について3つのフェーズに分け、それぞれの指標で分析しましたが、同じように考えれば野球、ラグビー、バレーボール、けん玉でもお年寄りの歩行でも、どのパフォーマンスでも見ようとすることができるようになります。たとえば、けん玉を器用にできない子どもに対して、「いや待てよ。そもそもけん玉を動かし続ける持久力はあるのか？」といった疑問をもち、持久力アップから始める、けん玉は身体が成長してからにする、といったアプローチも考えられるようになるわけです。言語化することで、パフォーマンスの仕組みを知ることができ、知ると焦点が合い、その世界が見えるようになります。やがてはコーチがいなくても、自ら分析と改善を行い、自走できる選手になるでしょう。パフォーマンスの言語化は、その入り口です。

最初に「腕」と言語化して伝えると、選手は実践するうちにいろいろなことを考えるものです。「腕は腕でも、肘から先なんじゃないか？」「肘から上かもしれない」「やっぱり肘から上の前側だ」など、自ら言葉を細分化して考えるようになります。逆にそれで動きづらければ、「腕全体」とか「腕を棒のように使う」など、抽象度を上げていく場合もあります。どちらのケースもあるのですが、選手がそうやって自ら言葉を操るようになる姿は、まるで水滴をポトッと水面に落として、波紋がフワ〜っと広がるかのようです。一滴垂らすと、選手が自走を始めてくれる。これはパフォーマンスの言語化を行うからこそ、起こる現象です。言語化には再現性や発展性の可能性があると思っています。

言語化するメリットは立ち返る場所ができること

また言語化は発展性だけでなく、うまくいかないときに立ち返る場所を作ることもできます。たとえば、手を高く上げようとしたとき、「肘が伸びるように手を上げてください」と言われると、さらに高さが出ることがわかります。それを「肘を伸ばして手を上げることが、あなたにとっての最高点ですよ」と言語化すると、パフォーマンスがいいときと悪いときの違い、つまり基準ができることになり、パフォーマンスがうまく出ないときに立ち返る場所ができます。「ああ、肘を伸ばせばいいんだ」「ちょっと無意識に曲がっていたな」と気づくわけです。どうなったらいいのかだけではなく、どうなったら悪いということも、言語化することで一目瞭然です。

さらに付け加えるなら、言語化によってこうした目の前の壁を越えると、次の扉が開き、一つ奥の壁が見えてくるのも重要なポイントです。「肘が伸びるように手を上げれば、それが最高点だよ」という基準点を身につけると、次は「いや、肘だけでなく脇を伸ばせば、さらに高く行けるんじゃないか」「つま先立ちをすると、さらに高く行けるぞ」といった具合に、言葉が、次の扉を開く『手がかり』になっていくのです。

ある程度の経験を積み、「自分はそろそろ限界かも」と伸びしろが見えづらくなってきた中堅やベテランの選手をコーチングさせてもらうことが多く、彼らが行っている運動の現象を言語化してあげると、簡単に彼らからその先の話が出てきたりします。「それなら、もっとこから動かしたらいけるんじゃないか」「このラインだけを意識すれば、余計なことをせずにパフォーマンスが上がるんじゃないか」と。それは「限界を突破する」「30代からでも上手くなる」とか、わくわくする表現になったりします。

限界はそこにあるもの、というより、作られたものであると私は認識しています。本当の限界は人には見えないはずで、「限界です」というコマを自分または周囲から置かれただけかもしれません。それはすごくもったいないことだと感じます。言語化をすることで、その限界地点の扉を開ける楽しみができる。言葉は面白いなと思います。必ずその先を説明することができ、限界を打破できますから。

一個前の段階と一個先の段階を説明することが明確な基準になる

私は大きなことを言おうとしているつもりはありません。ただ単純に、「限界地点」と言われても、その絶対的な位置は想像がつかない、というだけです。私はある現象を見たとき、常に、そのコマの前後の段階を考えます。たとえば、跳び箱が跳べていない子の様子を見ると、「跳べない」「手をうまくつけない」の前に、「支えられていない」「走れていない」「踏み切れていない」という前の段階が見えます。だったら、一つ前に戻って、跳び箱を一度外し、走る、踏み切るという段階にフォーカスして説明すればいい。

どんなものを見ても、その一個前の段階と、一個先の段階を説明していく。すごく前も、すごく先も見ない。その人の一つ前と、一つ先だけ。この感覚があると、限界という概念がなくなり、性別やレベルの概念もなくなります。淡々と、その人のコマの前後を説明し続けるだけですから。すべてが起こる現象とその本質の世界になり、世間で言われるような概念とは無縁になります。その前後のコマを見続けた結果、すごく前でも、すごく先でも、そこへのステップを正確に把握し、計画することができます。

おそらく、超一流のアスリートはそれを自身でやっているのだろうと思います。人の想像の先へ辿り着くということは、選手本人が終わりを想像していないからです。それをコーチが言語化によって、その奥に新しい世界を広げてあげれば、目の前の選手に成長し続けることができるということを知ってもらえると思います。

今はまだ、それが選手の努力任せになっており、一生懸命に壁を叩いて「ドアがあった！」といったことが多いように思います。ドアを開けるコツを知らない選手や、本当のドアではない方向を必死に叩いて以前に入ったドアからまた戻っていってしまう選手など、そんなことが実際に起きているので、言語化する目的の一つは、選手を終わりがない進化の世界へ連れていくことでもある、と思っています。

今まで多くのアスリートと関わることで、その選手の一つ前の段階、一つ先の段階が見えなかったことはなく、何かしらの手がかりを掴み、選手とセイムページを描いてきました。

もちろん、絶対値としての個体差はありますが、現在の時点から、より良くなる方法はすべての人が持ち合わせています。生まれもった資質で言えば、止まると死んでしまう赤身のマグロは、ずっと泳ぎ続けられる持久性の高い筋肉をもっており、白身のヒラメなどは普段動かず、敵が来たらピューッと瞬発力を出して逃げる筋肉をもっています。

同じような話で、人間もマラソン選手の父母からスプリンターが生まれない、ということは実際にあります。ただし、それは9秒台で走る人類最強レベルの選手にはなれないかもしれない、という可能性の話で、今より速くなれない人はいません。それはアビリティ、テクニック、スキルに分けることで必ず達成することができます。

さて、これで動作のパフォーマンス改善における全体像はすべて説明しました。アビリティ、テクニック、スキルに分けて現象を捉えることが大事。そして、その3つを具体的に分析するときは、

アビリティ⬇　スピード（速さ）　パワー（力）　エンデュランス（持久力）
テクニック⬇　ライン（姿勢）　ポジション（部位）　タイミング（起点）
スキル⬇　スキャン（認知）　ジャッジ（判断）　ディシジョン（決断）

この9つの指標を用いて言語化する。基準が明確になると、その人にとって、一つ前のステップ、一つ先のステップが見えてくるので、それに従って一つひとつの課題に取り組む。これがパフォーマンス改善の全体的な流れです。

次の章では、さらに焦点を絞って話を進めていきたいと思います。

スポーツは近年、発展を果たす中で、運動のパフォーマンスがさまざまな形で可視化されるようになりました。たとえば、『アビリティ』の要素です。フィジカル能力はいろいろな方法で測定し、データとして可視化され、筋力トレーニングも世の中に多くのメソッドが現れるようになりました。ファンデーションのエリアである、怪我を予防する方法や栄養アプローチなども、数十年前とは比べものにならないほど発達し、現代はたくさんの文献があります。

そうした体力面のほか、近年は競技における戦術、つまり『スキル』も活発に可視化され、競技ごとにディスカッションが行われています。ポジションやシステム、スペースのやり取りなど、おそらく数十年前にはそれほど意識されなかった考え方が浸透し、「右に振れば左が空くぞ」「点を取るためにはこうすればいいんじゃないか」と気づいた人が戦術を確立させていく。そういった要素は、日々言語化が進んでいるところです。

ところが『テクニック』、つまり身体の動かし方についてはどうでしょうか。リオネル・

メッシのようなドリブルがいい、松島幸太朗のような走り方がいい、大谷翔平のような打ち方がいいと、あれが理想、体力や体型はこのような数字がいい、これが最適といったことは言えるかもしれませんが、では具体的に何をすればいいのか？　どうすれば身体を巧みに動かせるのか？　自分に合った身体の動かし方は何か？

アビリティはスポーツ医科学的アプローチ、スキルは競技的アプローチなどでどんどん言語化が進んできましたが、身体を巧みに動かす方法、すなわちテクニックは今も言語化が進まない分野です。それについて記した代表的な文献も少なく、ほかの2つに比べると、言語化が難しい分、この領域についてもっと追求していけたらと思っています。

そこで次章ではテクニックについて、『ライン』『ポジション』『タイミング』を改善するガイドとなる考え方をより深く、さまざまな事例を用いて説明します。3つの指標から改善方法を探す普遍的なメソッドを、自分のものにしてほしいと思います。

繰り返しになりますが、私が目指すのは、みなさんが自分で気づき、自分で分析し、自分で直していく姿。パフォーマンス改善の自走ができるようになってもらうことです。

3
ライン
（勝ちライン）
A
4
5

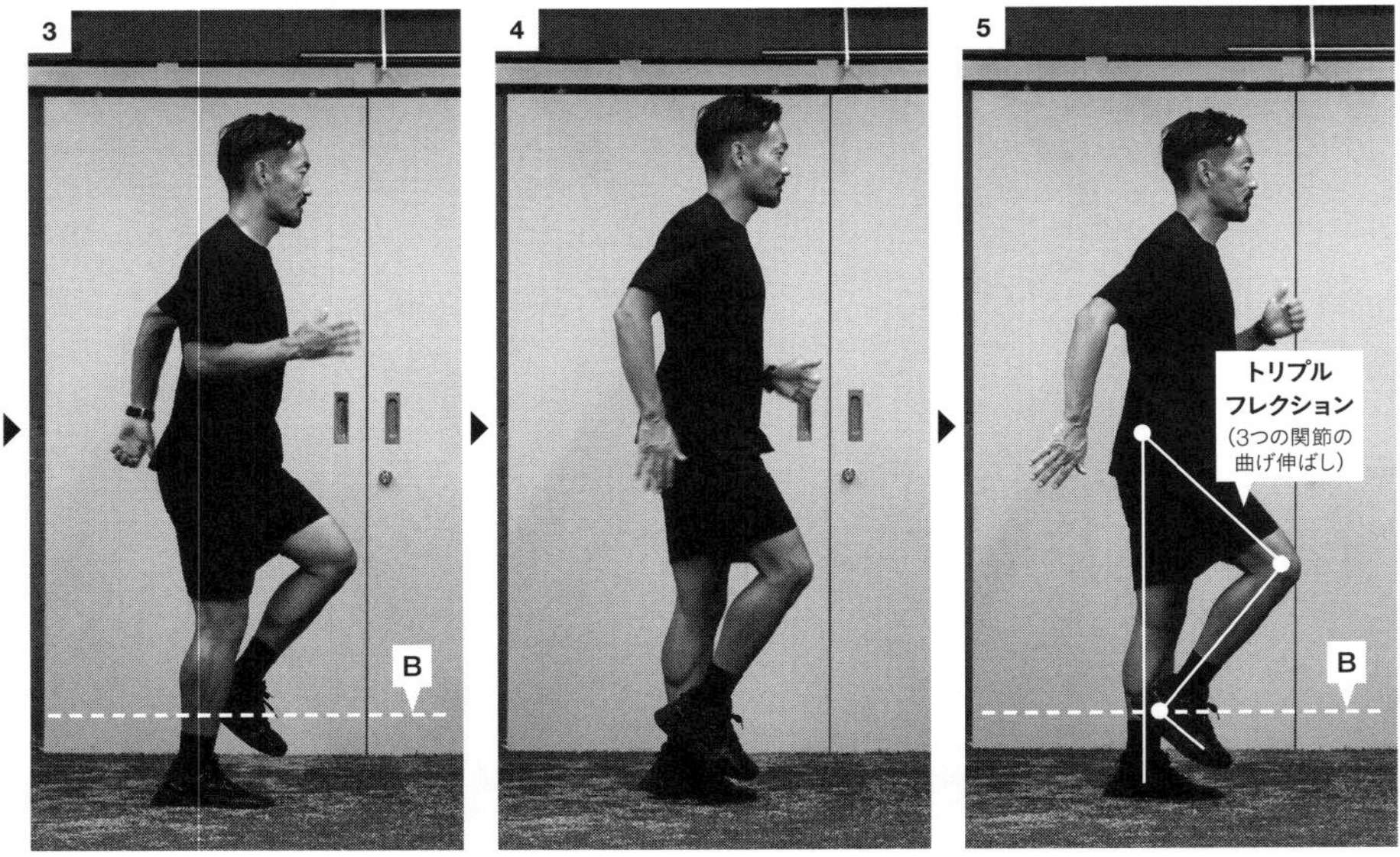
3
B
4
5
トリプル
フレクション
（3つの関節の
曲げ伸ばし）
B

腿上げ A

◎ GOOD ➡

【ライン】勝ちライン
【ポジション】勝ちポジション
【タイミング】支持脚が着地したとき、逆足はAの高さ
【ポイント】着地の瞬間に軸脚が伸展し、逆脚が屈曲する。腕は脚の動きと連動して大きな動きにはならないが、身体の前だけ振るのではなく、身体に対して、前後に動かすことを意識

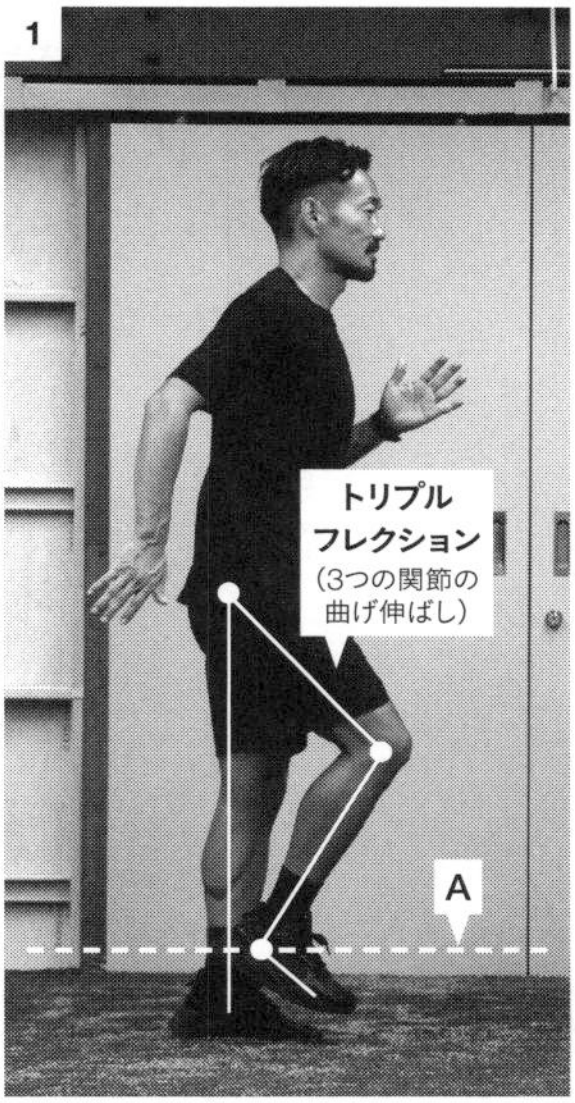

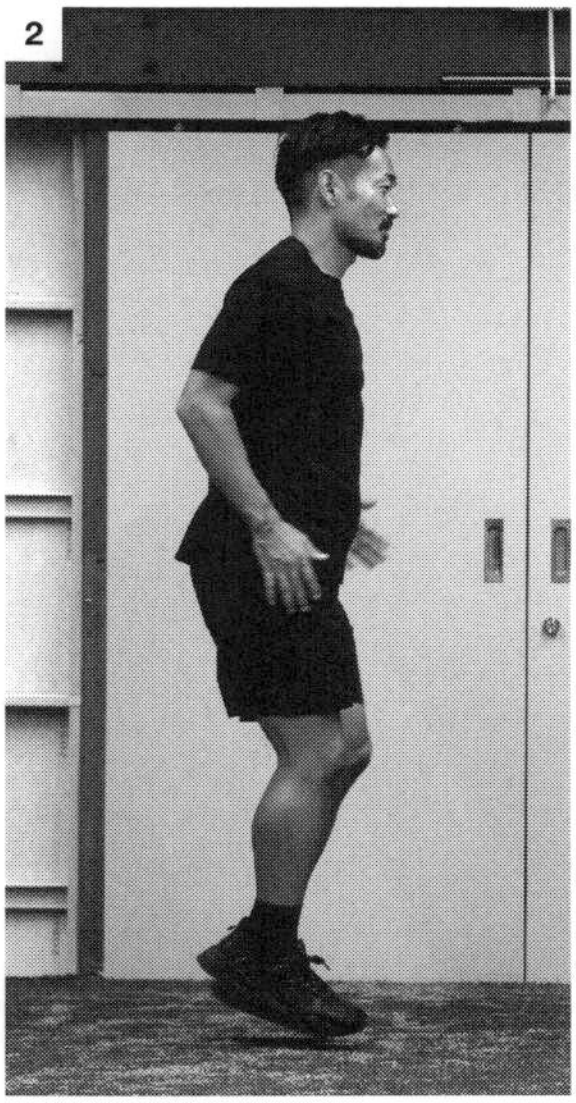

腿上げ B

◎ GOOD ➡

【ライン】勝ちライン
【ポジション】勝ちポジション
【タイミング】支持脚が着地したとき、逆足はBの高さ
【ポイント】着地の瞬間に軸脚が伸展し、逆脚が屈曲する。腕は脚の動きと連動して大きな動きにはならないが、身体の前だけ振るのではなく、身体に対して、前後に動かすことを意識

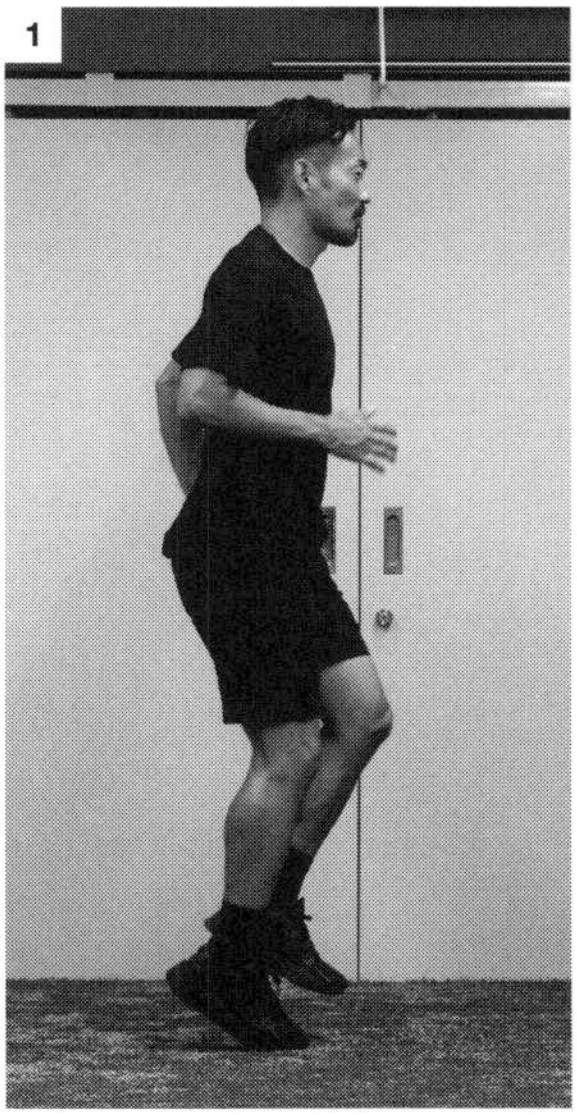

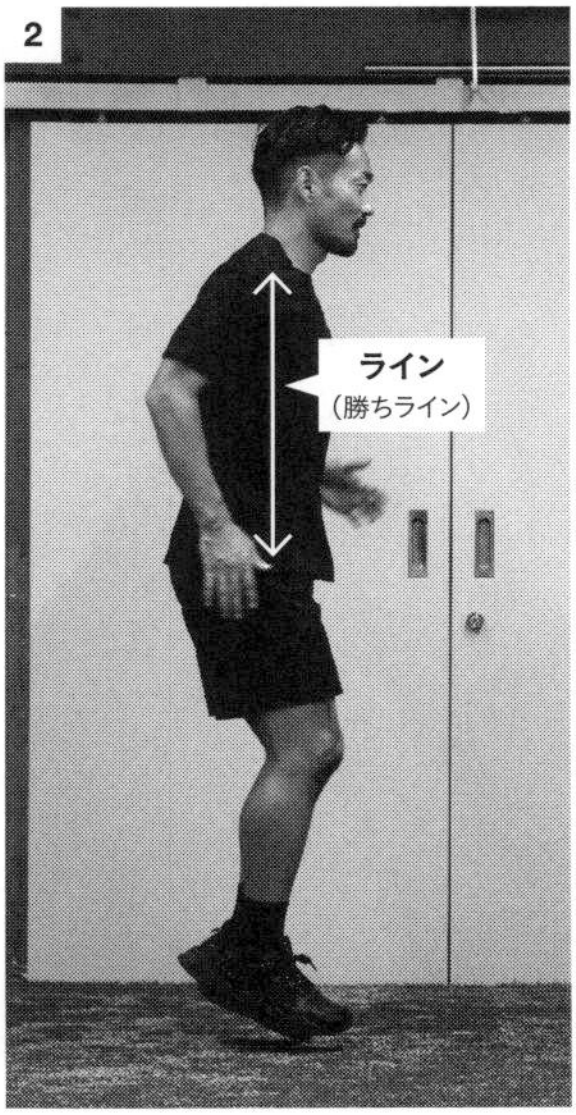

3
トリプルフレクション
（3つの関節の曲げ伸ばし）
C
4
タイミング
（膝と膝が空中で
入れ替わる）
5
ライン

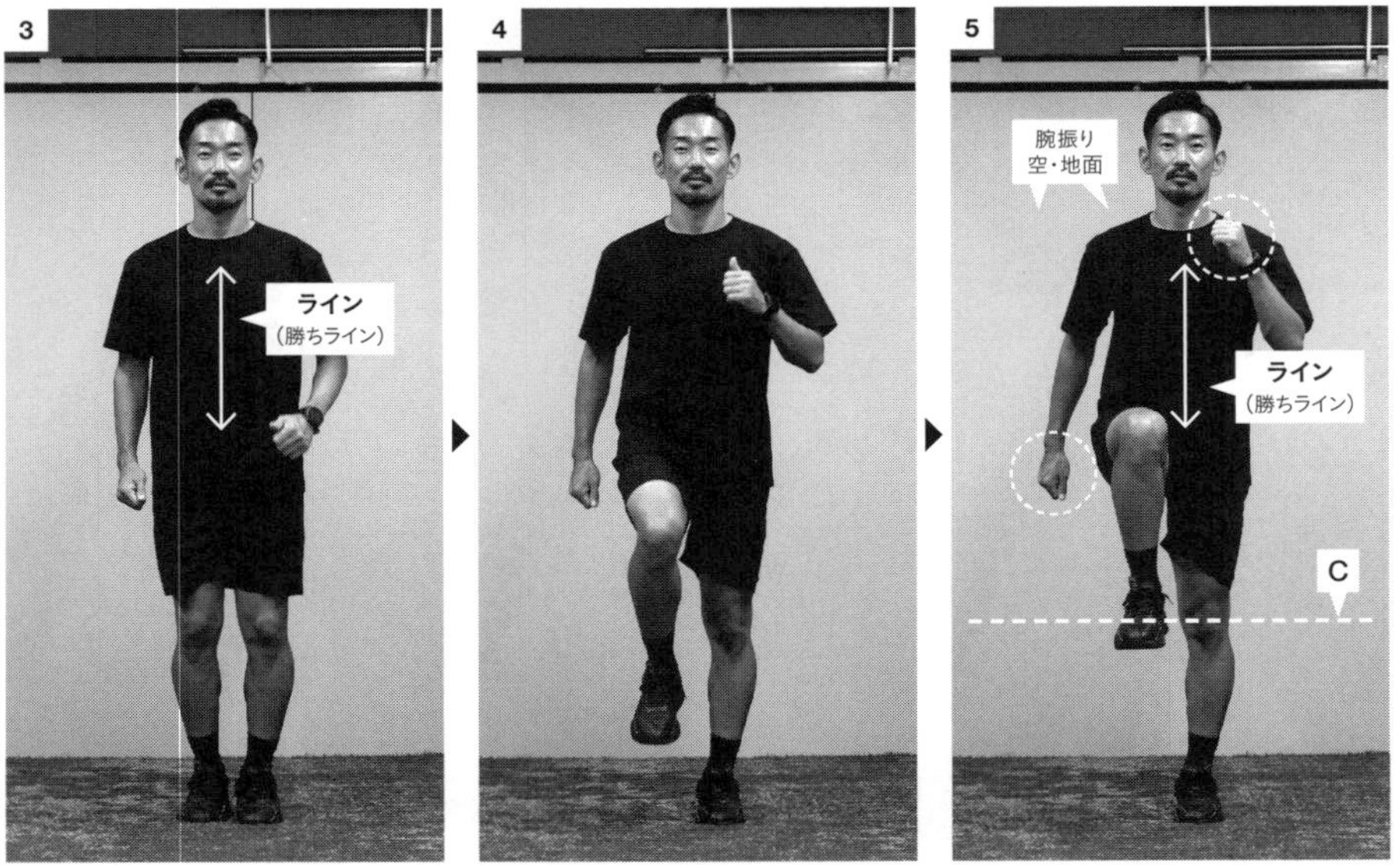
3
ライン
（勝ちライン）
4
5
腕振り
空・地面
ライン
（勝ちライン）
C

腿上げ C

◎GOOD➡

【ライン】勝ちライン
【ポジション】勝ちポジション、空・地面、Cの高さ
【タイミング】着地、Cの高さ、腕振りが空・地面。この3つのタイミングを合わせる。空中で膝と膝が入れ替わる

1
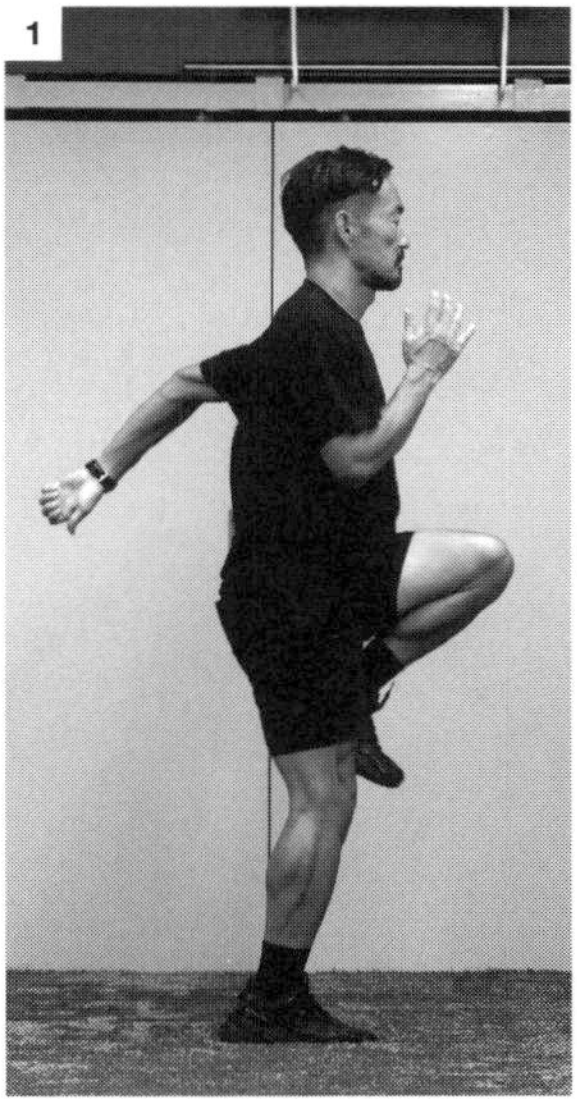

2
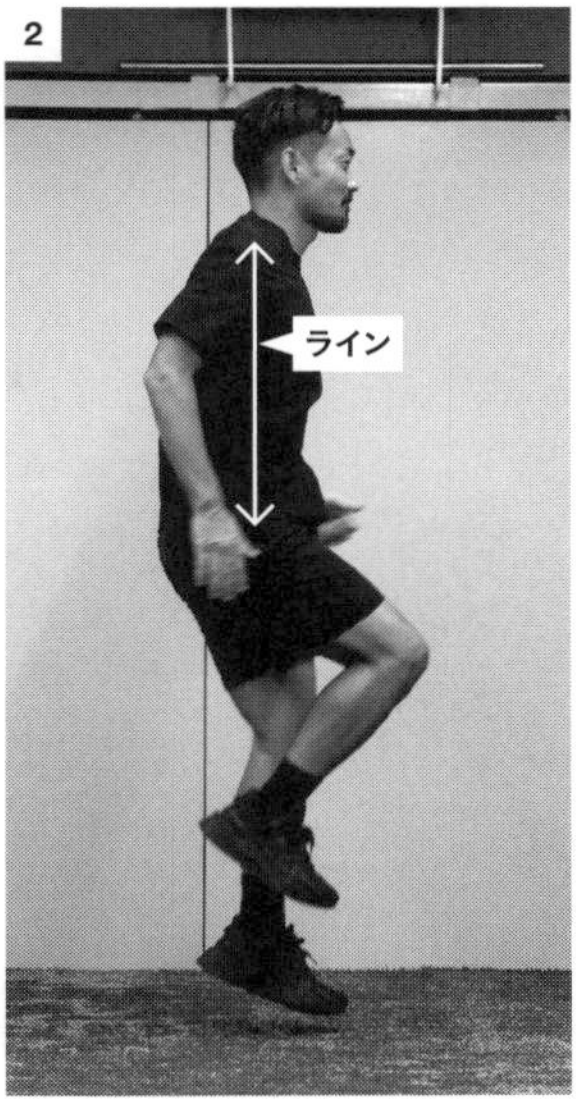

腿上げ 両足正面 C

◎GOOD➡

【ライン】勝ちライン
【ポジション】勝ちポジション、空・地面、Cの高さ
【タイミング】―

1
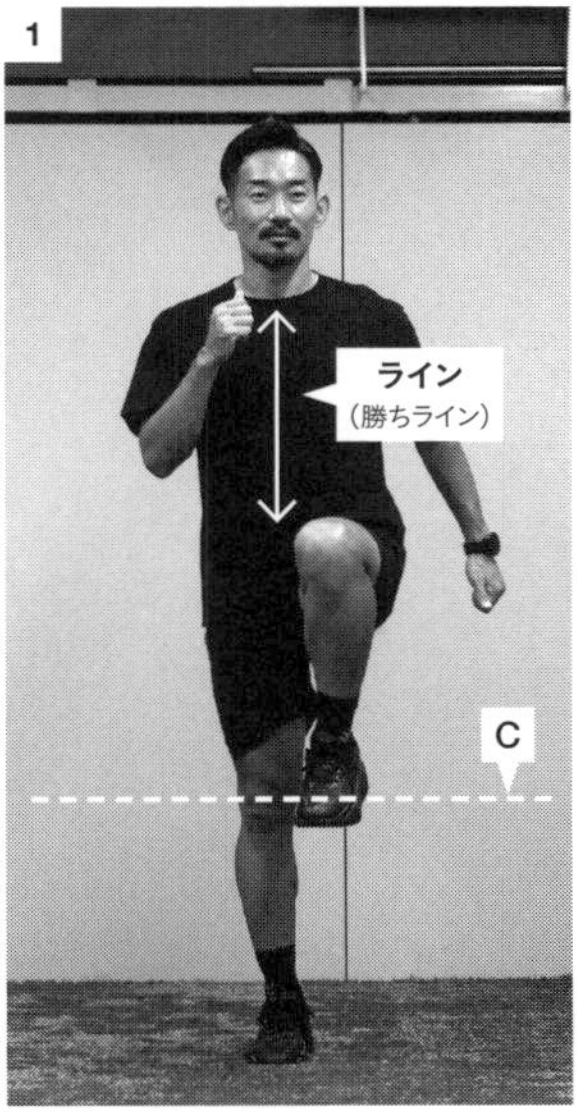

2

三章　テクニックの分析法

「知る」その次に「見る」ことで「できる」

ある運動や動作は、アビリティ、テクニック、スキルの3階層で分解することが可能です。そして現状と、現状の動作レベルから一つ前へ戻るコマと、一つ先へ進むコマが何かを言語化して説明していく。この作業は、パフォーマンスを分解して練習を作るための最初の切り口になります。そして、ありたい姿に向け、成長の地図を作る。

人が何かに驚くのは、一つ先のコマを見せられたときです。私たちがなぜお金を払ってスポーツを見るのかといえば、想像できない一つ先の現象を見せてくれるからでしょう。ただし、そういう意味では、コーチは常に一つ先を考え続けなければならないと思います。選手に対してもですが、自分自身に対してもそうだと考えます。もし、想像していない、想定していない事態が起こると、驚いてしまい、適正な判断ができず、感情的になってしまうかもしれません。怒鳴ってしまったり、手を出してしまったりする現象もそういったことが原因かもしれません。現象の前後のコマをシンプルに捉え続けていると、驚くことはほぼあり得ません。選手がミスをしたとしても、今のコマと、一つ前のコマ、一つ先のコマ、ずっと3

コマを見続けるだけです。そうすれば子ども、選手のどんな現象も落ち着いて見ることができます。

それだけに大事になるのが、『見る』ということです。今のコマを把握することも、前後のコマを想像することも、『見る』ができなければ始まりません。何を見るのか、どうやって見るのか。まずは「見ようとする」ことから始めていきましょう。

ここからは特に、アビリティやスキルに比べて暗黙知に預けられがちな『テクニック』について、詳しく考え方を掘り下げたいと思います。

『ライン』――身体のどこに直線があるのか？

テクニックの3つの指標であるライン、ポジション、タイミングは、この順番に難易度が上がります。ラインは、身体のどこに直線があるのかを見ること。真っ直ぐ立っていると、頭、肩、腰がだいたい一直線上にあり、それが曲がっている人は「ラインがない」と私は言います。頭、肩が前に出て、その後ろに腰があって、ぐにゃりと曲がっていたり。それは静止した状態で見ることができ、実践するときも、その場から動かずに作ることができるので、3つの中ではラインが一番簡単です。

たとえば、一つの良い例を見てみましょう。頭から足先まで1本のラインがあります。一歩足を踏み出した状況を横から観察しているとしましょう。彼が着地したとき、膝がぐにゃりと曲がっていないことがわかるでしょうか。足が着地すると、床から反発したエネルギーが返ってくるのですが、そのときラインが真っ直ぐであれば、多くのエネルギーを得ることができます。逆にラインの曲がり角が多ければ多いほど、エネルギーは分散し、量が減ってしまいます（図10）。

着地するときに膝の角度が変わらないことは、速さを生み出す一つの要因です。足が伸びているだけでなく、着地している最中に膝が沈み込まないようにする。たとえば、ジャンプして着地したとき、膝はショックを吸収するために少し沈み込みます。私たちの用語では「屈曲する」と言うのですが、なぜ屈曲するのかといえば、衝撃を吸収するためです。つまり、エネルギーを吸収し、強い力を生まないようにしているわけです。

ジャンプからの着地では身体を守らなければならないので、そうやって屈曲を使うわけですが、速く走ったり、強く蹴ったりするときは、膝を伸展して地面に強い力をかけなければいけません。膝がぐにゃりと沈み込まないようにして、地面からの力を吸収せずに発する。それが一つのテクニックになります。

そういう力を出す瞬間、膝が必要以上に沈み込んでラインが曲がってしまうと、スピードは落ち、キック力や動きのキレのようなものが失われます。股関節を中心に力を発揮すると、膝はぐにゃりと潰れにくく、また、ラインも力を発揮したい方向に傾きます。

ラインは柱のようなものです。自分が力を発揮したい方向に対して、どれだけ強い柱を立てられるか。上半身、下半身、全身に何本の直線があるのかを見て、実際に線を引いてみてください。すると頭が出てしまったり、足が出てしまったりすることは、見ればわかります。「頭の位置はこのあたりでなければいけないんだ」とか、「お尻が引けているように見えたけど、実は頭が下がっているんだ」と、ラインができていない理由は発見できると思います。

『ライン』を意識したまま『ポジション』を意識する

次に難しいのがポジションです。ハイヒールの歩き方でいえば、足を地面のどこにつけば

3

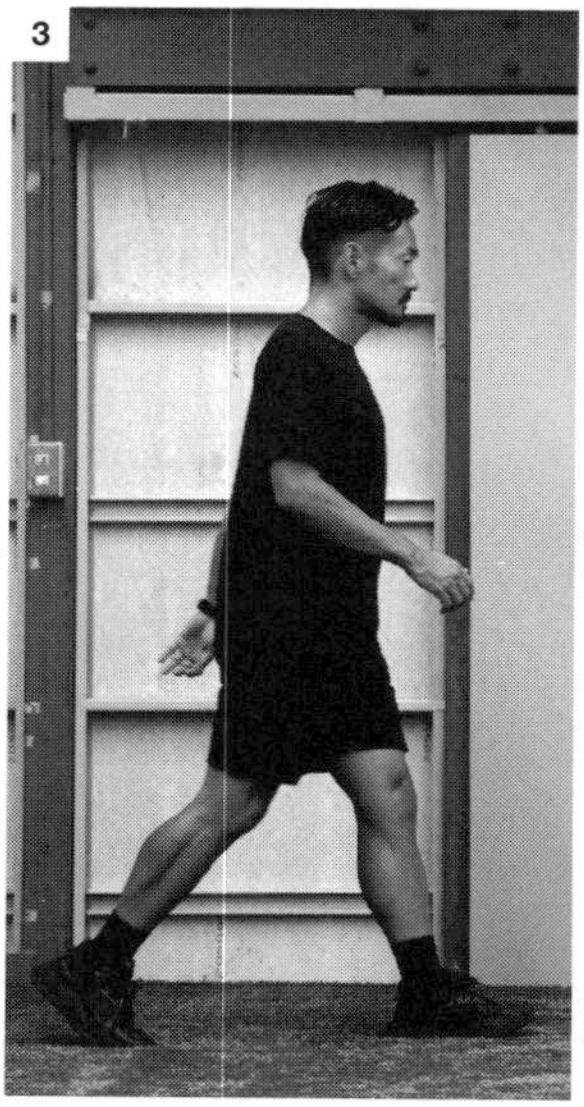

4

5

3

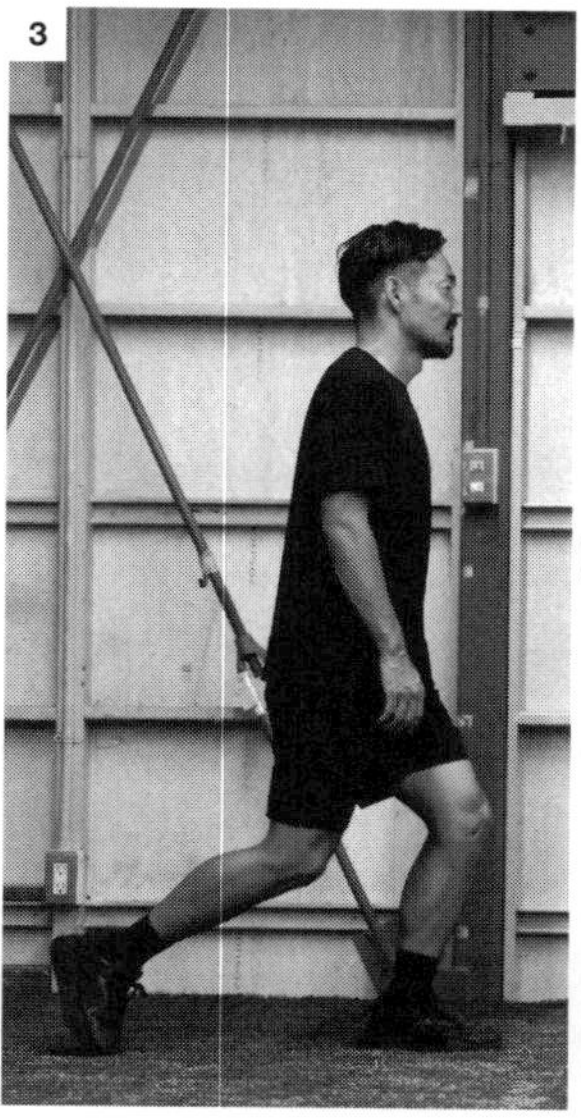

4

5

(図10) 頭から足先までの1本のライン

頭から足先までの1本のライン

◎ **GOOD➡**

【ライン】 勝ちライン
【ポジション】 勝ちポジション
【タイミング】 —
【ポイント】 姿勢は勝ちライン。足の負けポジションで着地して、勝ちポジションへ体重移動。より速く勝ちポジションに移行し、できるだけ長く勝ちポジションを保つ

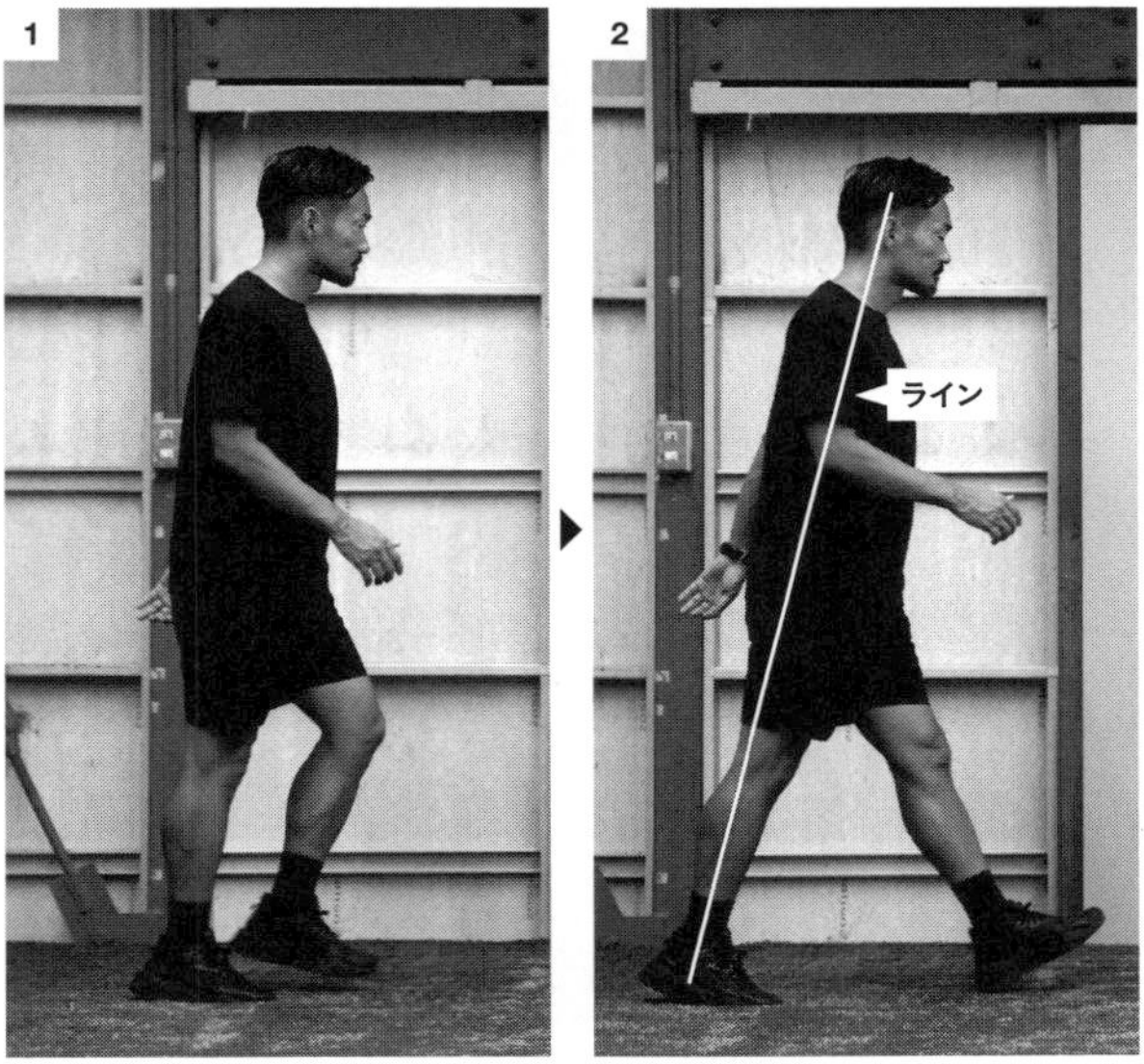

頭から足先までの1本のライン

✕ **BAD➡**

【ライン】 負けライン
【ポジション】 負けポジション
【タイミング】 —
【ポイント】 足の負けポジションの時間が長く、勝ちポジションの時間が短い

いいのか。ポジションは身体の部位の動きで、両足を前後に開いたり、そのときの足の位置を自分のおへその真ん中の直線上に置いてみたりする。レッドカーペットを歩くような歩き方です。

足をつくポジションが悪くなると、ラインも乱れます。足を過度に前へ開けば開くほど、身体を支え切れず膝が曲がり、ラインを作るのが難しくなります。まずは歩く速度に対して、着地するポジション、歩幅が適正なのかを見ましょう。膝が大きく曲がって身体が沈み込み、上下に揺れているようなら、速度に対して歩幅は大きすぎる。逆に小さすぎると、推進力が小さくなり、ペタペタとペンギンのような歩き方になってしまいます。

そうやってポジションの試行錯誤をしながら足を前へ出したとき、上半身のラインはどうなっているのか。ポジションのことばかり考えていたら、猫背になってしまった。そんなこともよくあるので、ラインを意識したまま、ポジションを意識することも大事です。あるいはバッドデモとして、意識的に猫背にして、上半身にラインを作らずに歩いてみると、より膝が曲がることを体感するはずです。そのバッドイメージから離れようと、できるだけ着地している最中や、動いている最中にラインを保とうと意識できる。バッドデモを体感することで、テクニックのずれに敏感になります。

このようにラインからアプローチしたり、ポジションからアプローチしたりを繰り返すことで、だんだんと自分でもどんな歩き方がいいのかが見えてきます。そこから自分の中での美しさや運動効率、パフォーマンスの定義をより具体的にしていく。動きを客観的に見て評価できるように、映像を撮ったりするのも一つだと思います。それができるようになれば、今度は映像を撮らなくても、こう動くとラインがこうなるだろうと、見なくても、映像評価がなくても、少しずつ修正できるようになると思います。

まずは指標、見方を知ることです。身体のどこにライン（直線）があるのかを見る。知れば見えるようになるので、分析が始まります。

たとえば、「よーいドン」の体勢を取ろうとしたとき、45度くらいに前傾して構えると思いますが、頭のポジションが少し高くなると、ラインが起き上がり、前傾の姿勢を取れなくなることがあります。逆に前傾しすぎて、頭が下がってしまい、身体全体の一直線がなくなって力の発揮ができないこともあります。そうしたラインとポジションを合わせた見方がわかっていれば、他人の動きを見たときも、「ポジションはいいけど、ラインが曲がっているな」といった具合に見極められるようになります。

直線と傾斜の組み合わせが美しさと躍動感につながる

別の事例で見ると、2022年で現役を引退したサッカーの中村俊輔さんは、フリーキックの名手として知られ、独特の蹴り方をしていました。彼のキックフォームを『ライン』で見ると、上半身は猫背になっています。それでも一般的に彼のフォームは美しいと見られ、カメラのフラッシュが焚かれたわけですが、その理由はキックの一コマ前と、一コマあとが見られており、その上で最後のコマが見られているからです。

キックする前のエネルギーが最大に準備されたコマの瞬間、中村俊輔さんは頭から足先までが一直線になり、斜めに傾きます。この直線と傾斜の組み合わせは、美しさと躍動感をセットで味わわせるインパクトがあります。キック直後の脚を振り抜いたとき、軸足は膝から折り曲がることなく、直線を保って傾いています。真っ直ぐ突っ立っている人よりも、直線が傾いている姿のほうが、美しさに躍動感がプラスされる。たとえば、100メートル走のクラウチングスタートで、「よーいドン」から身体が立ち上がるとき、前へ勢い良く飛び出していく身体のラインは、斜めに傾いています。これはハイヒールの件も同じです。足をつくポジションを広げて大股にすると、膝が沈んでラインが曲がりやすくなりますが、逆に足をつくポジションを近くして、小股にすると、ペンギンのようにちょこちょこ歩く姿になってしまう。たとえ直線があっても、それが傾斜せずに動く姿は、スピードも躍動感もありません。

逆に身体にラインがあり、なおかつ角度がついている運動は美しく見えます。その角度は何かといえば、移動の速度や強さ、勢い、躍動感を生み出すものです。中村俊輔さんのフリーキックは、こうした直線と傾斜の組み合わせで、美しさを見せてきました。

今までに多くの種目のアスリートを見てきた経験でいえば、高いパフォーマンスは見た目にも美しく、美しさには必ず理由があります。時々、世

中村俊輔さんのキックフォームの『ライン』

キックする前のエネルギーが最大に準備されたコマの瞬間、頭から足先までが一直線になり、斜めに傾く。この直線と傾斜の組み合わせが美しさと躍動感につながる

の中で独特なフォームだといわれていて、パフォーマンスが良い選手もいますが、そのような選手でも、必ず美しい局面があります。テクニックを基準に則って分解してみると、動作の中で必ずライン、ポジション、タイミングに理由が見つかります。それはみなさんが見られている選手にもいえることで、この基準を知ることで、いいところや可能性を見つけられるかもしれません。

さらにほかの例を挙げてみましょう。競泳の飛び込みです。合図を受けてスタートを切るとき、選手は一斉に台から飛び込みます。そのとき、身体が丸まったまま水に落ちる選手はいません。それを見て、美しいと思うこともないでしょう。それもやはり、身体のラインに直線がどれだけあるか。競泳の選手は台の上で合図を待つ間、身体を縮めて力を溜め、スタートと同時に一気に伸び上がって飛び込んでいきます。

縮んだ状態から伸び上がり、身体にライン（直線）ができた瞬間、大きな速度と強さが生み出される。これは飛び込みに限ったことではありません。ラインができていないと、伸び上がりが十分ではなく、速度も強さも低い。見た目も美しくないのです。そう考えれば、動作とパフォーマンス、美しさは限りなく直結しているといえます。

テクニックの分析は、一番見やすい『ライン』からスタート。身体のどこに、どの瞬間、直線ができているのかを見極めます。それが最初のステップです。

独特な身体の使い方を修正すべきか？

『ライン』は直線の在り処を見極める。これは難しいことではないでしょう。ただし、少し考えなければいけないのは、中村俊輔さんのように独特な蹴り方をする人がいたとき、上半身の猫背を直すべきかどうかです。ランニングフォームも同様ですが、周りからはすごく変な走り方に見えるし、美しくないけど、なぜか足が速いという人は、子どもの頃にクラスにいたのではないでしょうか。そういう独特な身体の使い方をする人には、どうアプローチすればいいのか。美しい直線になるよう、ラインを修正したほうがいいのか。

実はそういったケースは、修正すべきケースと、修正すべきではないケースがあります。たとえば、変な走り方だけど足が速い人には、重要なポイントがあります。それは下半身です。速く走るためにはいくつかのポイントがあり、その中の一つとして、着地したときに膝が潰れず、下半身に直線のラインができていることが挙げられます。仮に上半身のラインが美しくても、着地した際に膝がぐにゃりと曲がって潰れる人は、繰り返しになりますが、そこでスピードを吸収してしまうので、速く走ることができません（※膝を伸ばして着地をするということではなく、着地した瞬間の膝の角度を保てるかということ）。

一方、どれだけ変な走り方に見えても、それでも速いということは、おそらく膝が曲がって潰れておらず、下半身の使い方には問題がないと考えられます。上半身のライン、ポジション、タイミングがおかしいので、変な走り方に見えているわけで、そこを直せば全体の速度は上がるはずです。ただし、ここは重要なところですが、変な走り方だと感じた部分を見誤って、下半身にテコ入れをしてしまえば、逆にその人は足が遅くなるかもしれません。ライン、ポジション、タイミングを見たとき、おかしいのは上半身だと気づき、猫背であればそれを直したり、手を振るポジションを修正したり、タイミングを合わせたりと、ターゲットを定めて走り方を直す。こうした見極めは重要になります。

中村俊輔さんのケースも、直すとしたら、傾斜した直線を作り出している下半身の動きではなく、上半身の動きでしょう。そこにテコ入れをするべきかどうかが、議論の的になると思います。ただ、そうした猫背などを直すことで、下半身の動きが崩れたり、本来の躍動感が失われる可能性はあり、相手ＧＫとのコースの駆け引きなど、スキル面にも影響が出ます。

どこかを修正した際に、もとあるラインが崩れてはいないかを検討し、総合的に直すべきかどうかは、賛成と反対、どちらの考え方もあると思うので、両輪で考えることが大事です。

ラインと影響し合う『勝ちポジション』

そうした見定めを前提に、上半身のラインの歪み、つまり猫背を直したいのなら、方法は簡単です。みぞおちとへその距離、私はこれを『勝ちライン』と呼んでいるのですが、この距離を長く保つことでクリアできます（図11）。

みなさんも想像しながら、実際にやってみてください。勝ちライン（みぞおちとへその距離）を

（図11）『勝ちライン』

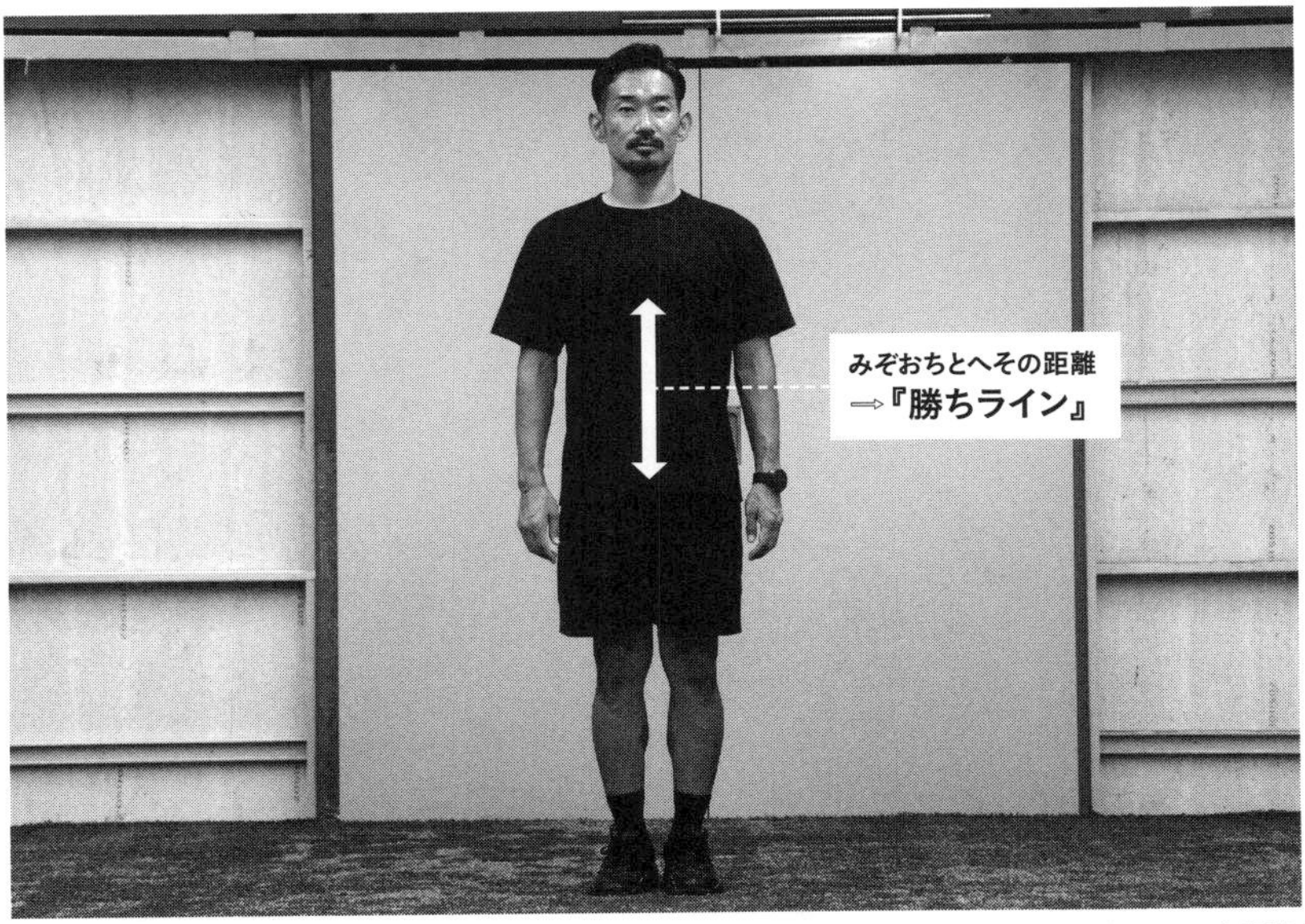

上半身のラインの歪みを直すならば、みぞおちとへその距離『勝ちライン』の距離を長く保つことを意識する

短くすると、猫背になりますよね。それを長くして、みぞおちとへそを離していくと、気をつけの姿勢になる。

でもおそらく、今まで猫背の人たちは「胸を張りなさい」と注意されてきたのではないでしょうか。胸を張ろうとすると多くの方が肩を後ろに引いて立つ姿勢になります。それを実際にやってみてください。かかと重心、後ろ重心になりませんか？　かかと重心では前へ速く走ることはできませんし、動作も一歩遅れます。しかし、「胸を張る」とそれが起きてしまうのです。

みぞおちとへその距離を長くする、という方法で気をつけの姿勢を作ると、足の裏の前半分に体重がかかっていきます。それが正しい姿勢です。

私はこの重心について、足の裏の前半分を『勝ち

(図12)『勝ちポジション』と『負けポジション』

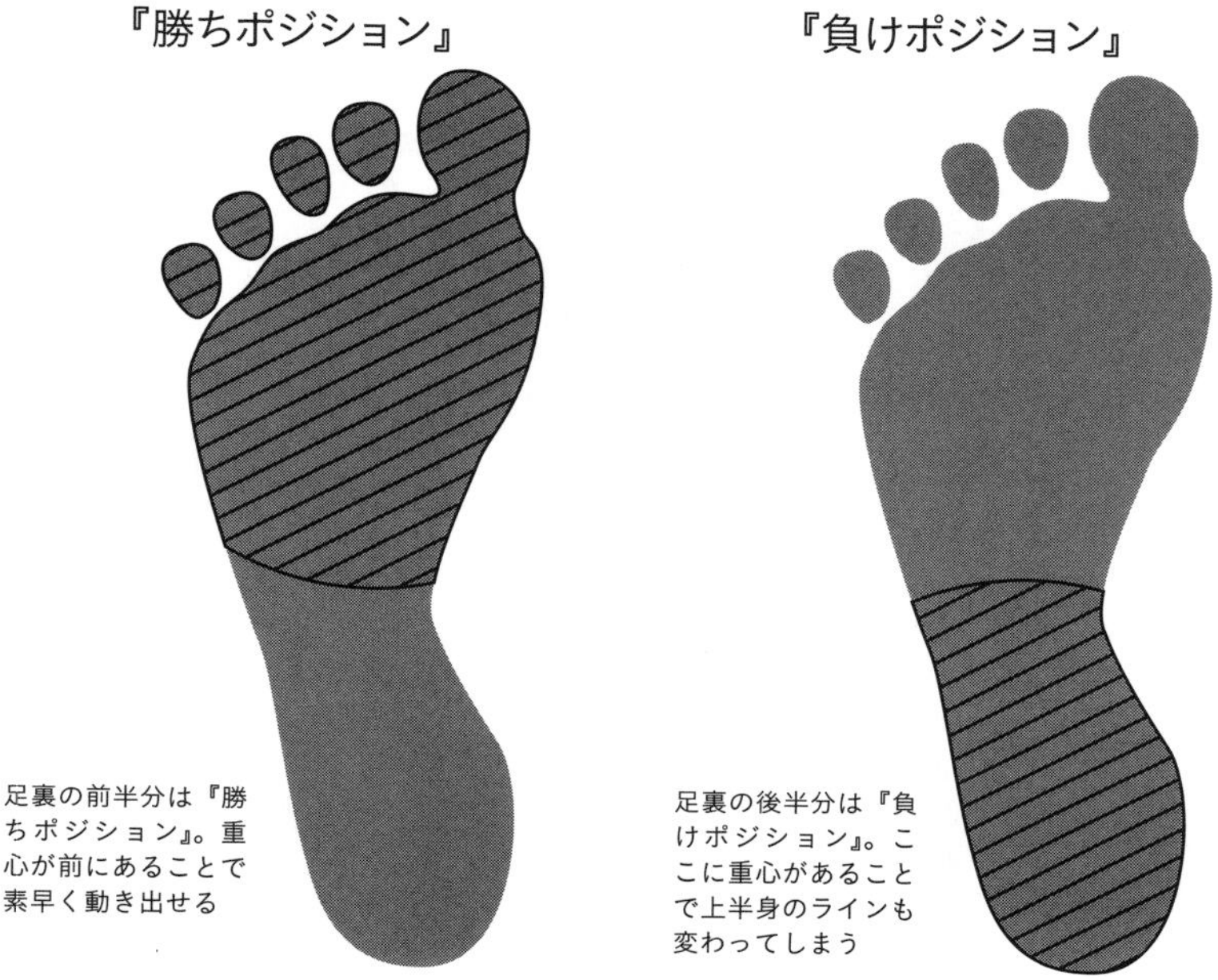
『勝ちポジション』
『負けポジション』
足裏の前半分は『勝ちポジション』。重心が前にあることで素早く動き出せる
足裏の後半分は『負けポジション』。ここに重心があることで上半身のラインも変わってしまう

ポジション』、かかと側を『負けポジション』と呼んでいます（図12）。たったこれだけの違いでも、上半身にできたラインの角度は変わります（逆にみぞおちとへその距離を長くしすぎると、反ってしまい、かかと重心になるので注意してください。若干みぞおちは、へそよりも前にあるポジション関係です）。

アスリートにとっては、きれいに立つことがゴールではないので、速く、強く動くことを考えれば、かかと重心は適当ではありません。かかと重心のまま前からポンと押されると、後ろにおっとっと……と下がってしまうと思いますが、この状態では速く、強く、前へ進むことが難しいのです。

素早く動き出したければ、勝ちポジションで準備するのが妥当なのですが、人間はふとした瞬間、肩や頭の位置に連動して、負けポジションになり、それだけで上半身のラインが大きく変わってしまうことがあります。「気をつけ」の姿勢一つでも、「姿勢良く！」「胸を張れ！」と言われるのか、「みぞおちとへその距離を長くしなさい」と言われるのか。こうした表現の違いだけで、勝ちポジションと負けポジション、身体の姿勢や体勢が少しずつ変わることを意識してほしいと思います。

日本人がシュートをふかしてしまう理由

一つの例を挙げると、サッカーではよく日本人選手がゴール前でシュートをふかしてしまうミス（浮かせて外してしまうミス）があります。ミスはなぜ起きるのか？　テクニック面でアプローチすると、日本人選手の特徴として、『負けポジション』で動いている時間が長いことが挙げられます。負けポジションになると、かかと重心で身体の角度が後ろへ倒れていくため、身体が上へ開きやすい状態で踏ん張ったり、止まったりしています。キックも移動していた状態からブレーキをかけてボールを蹴りますが、その姿勢が負けポジションになっているので、身体が上へ向かって開きます。その開いた分だけ、キックの角度が開いていくのです。

身体が軽く前傾していれば、ゴールポストの上のような高い場所に蹴ることはできませんが、同じ理屈で、負けポジションの場合はボールをふかせる角度が大きくなってしまう。このようにシュートをふかすミスは、ライン、ポジションで明確に要因を説明できるミスです。日本人は基本的に猫背の人が多いので、姿勢が負けライン、足の裏が負けポジションになりがちです。その半面、外国人にはあまり見かけません。理由はさまざまありますが、確かなことは、日本人は負けポジションを取りがちだということです。日本人は長い距離の加速を伴わず、その場にとどまって狭い範囲で技を発揮することが得意であり、柔道、レスリング、野球、卓球、体操などにその傾向を見ることができます。

しかし、理由が明確になれば、言語化して、勝ちポジションでプレーするようにしたり、加速が必要であれば加速するための動作を言語化し、鍛える。求められる能力や技術を言語化して育成することで修正することは可能だと思います。現在は多くの種目で課題を解決し、難しいと言われた相手にも勝利するチームが増えてきています。課題解決のための言語化が進んできていることも要因の一つだと思います。

『勝ちポジション』を習慣化する大事さ

長年の習慣で負けポジションを取りがちな選手には私たちコーチは、勝ちポジションを取るように習慣からアプローチします。これは椅子に座った状態で試してもらいたいのですが、足の裏を遠くへ投げ出して、負けポジションで足を地面につけると、猫背になりやすくなります。逆に勝ちポジションになってお尻の下くらいに足を運んでくると、自然と身体がピンと立つようになる。

電車の中で深く座って足を前へ投げ出している人を、たまに見かけるかもしれませんが、それがまさに負けポジションです。勝ちポジション、勝ちラインで座っていると、何かに反応して素早く立てますが、足を投げ出しているとすぐには立てない。動きが遅くなり、いつもワンテンポ遅れます。電車の座り方に限らず、そういう負けポジションの習慣がある場合、キックの軸足もかかと重心で負けポジションになりやすく、身体がのけぞってシュートを上方へふかしてしまったりします。

習慣的に負けポジションを取りがちな人は、普通に歩いているときも、負けポジションの時間が長くなります。体重移動が行えずペタッ、ペタッと歩く。勝ちポジションが長い人は、かかとから着地したあと、足の裏の前半分にスムーズに体重移動が起こり、スイッ、スイッと歩く感じです。体重移動の能力が高いスプリンターの歩き方や、高い速度で走る球技の選手も同様にまるで足にバネが入っているかのように颯爽と、軽く前傾して歩く様子が目につきます（※上半身の前屈ではなく、全身が軽く前傾している状態）。負けポジションから勝ちポジションへの移行時間が短く、かつ勝ちポジションでいる時間が長いと、そういう伸びやかな歩き方になります（※走るときは勝ちポジションから着地する）。逆に負けポジションの人は、スリッパを履いて歩くように、ペタッ、パタン、ペタッ、パタンと、身体が垂直もしくは後傾して歩くイメージです。

このように足の裏のポジションは、身体のライン全体をコントロールしてくれる大きなカギになるわけです。私たち日本人は猫背になりやすいのですが、足の裏のポジションを意識し、勝ちポジションを習慣化すれば、そこで帳尻を合わせることができる。そういう意図的な技術で海外の選手と勝負したいと思っています。

動き出しで『勝ちポジション』になるカギは足の3つの関節が曲がっているか否か

すぐに立てるか、すぐに走れるか、すぐに跳べるか。スタートや動き出しなど、パフォーマンスの初動に関するところは、ラインとポジションが正しく決まると、うまく身体を動かせます。それを見極めるためには、第一に、足の裏の前半分に体重が乗っているかどうか。つまり、『勝ちポジション』であるか否かです。これはつま先重心ではないので、あくまでも足の裏の前半分、50％に体重が乗っているかどうかであることに注意してください。

それに加えてもう一つ、動きの出発点になるのは、トリプルフレクション、つまり脚の3つの関節（股関節、膝、足首）が曲がっているかどうかです。

3つの関節が曲がっている状態は、次の動き出しに最適です。椅子から脚を投げ出して座っている格好を想像すると、膝と足首しか曲がらず股関節が伸びていたり、あるいは膝も伸びていたりと、3つの関節が曲がっている状態ではないため、すぐに動き出すことができません。

たとえば、「よーいドン」でクラウチングスタートをするときは、足の3つの関節を深く曲げて準備します。これを2つしか曲げずに「よーいドン」で走ろうとしても、2つの関節しか曲がっていなければ、人間は動けません。人間の脚の特徴として、3つの関節が曲がっていなければ出発できないのです（図13）。

これは一例ですが、私がラグビーの指導に携わったとき、チームはタックル後に素早く起き上がること、速く前へプレッシャーをかけること、この2つのディフェンスを目指していました。ただし、選手やコーチは「速く前へ上がろう」「速く起き上がろう」という意識で

(図13) **3つの関節が曲がっていないと動けない**

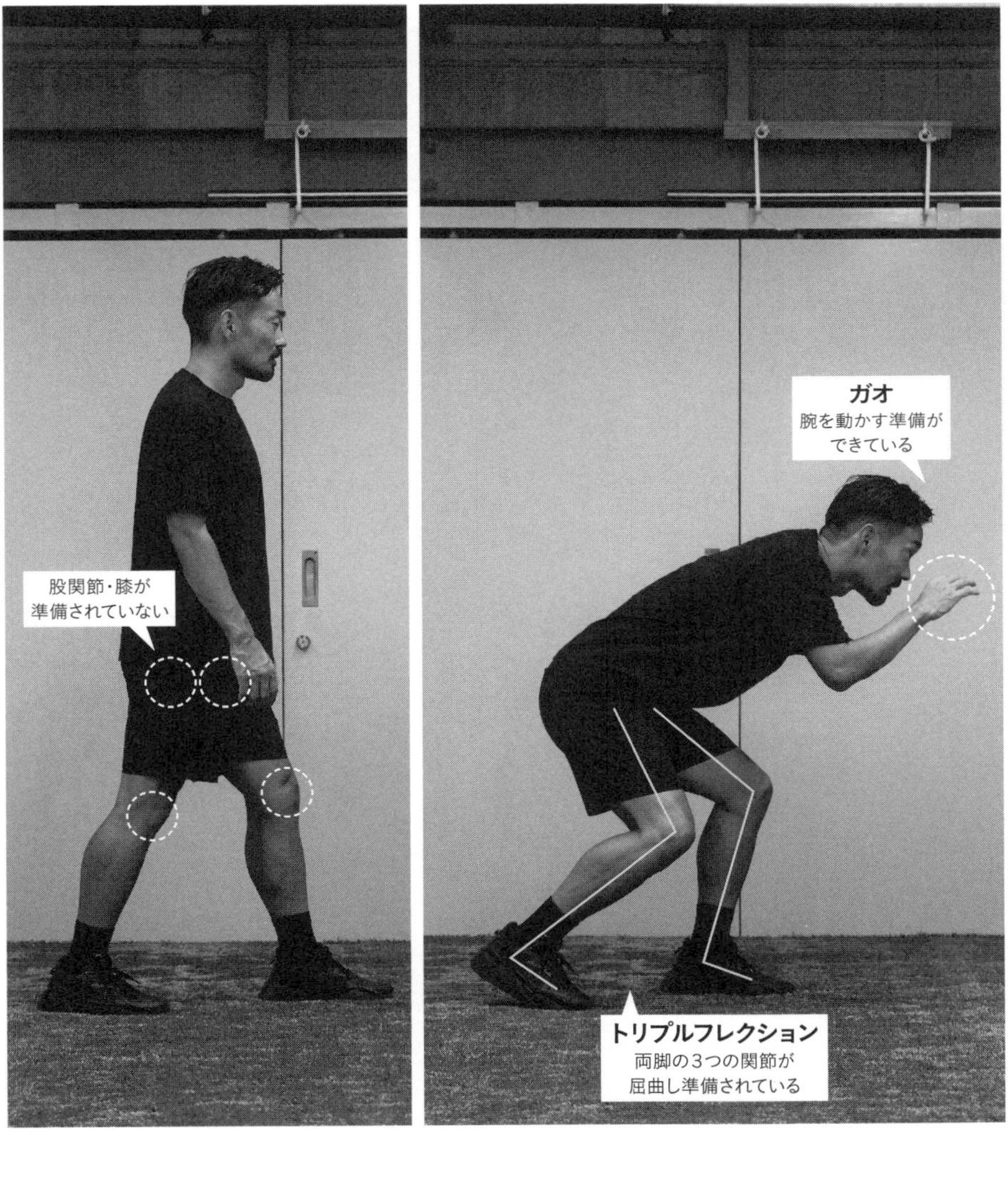

あったため、その一つ前のコマである「どうしたらそうなるのか」を言語化し、欲しい結果の一つ前にある、パフォーマンスの入口を示す必要がありました。そこで私は速くプレッシャーをかけるＤＦに、両脚の３つの関節を曲げて準備すること、加速は腕が最初に動くため、手を上げて構えること（図13）、この２つのポジションの話を伝えました。それは人間が動きの出発をする上で、３つの関節を曲げるために沈み込んだり、腕を構えるための予備動作などの２つの無駄なコマを取り払った形なのですが、トレーニング中にも短いメッセージで伝えたり、選手が使えるように「トリプルフレクション」「ガオ」と名前をつけたりすることで、選手同士の指示や振り返りもスムーズになり初動スピードが上がったことがありました。

動きは縮んだ状態から伸びることで、そこに速さや力を生み出すラインができるわけですが、出発時は関節が縮んだ状態でなければ、力を溜めることができません。伸びた状態でスタートの準備をしていると、結局、そこから足を曲げるという無駄なコマが発生してしまいます。最初の一コマから動き出すよう、パフォーマンスの初動の最適化を目指すなら、３つの関節を曲げることが重要なポイントです。

オフ・ザ・ボール時は『猫背』でも加速時には『勝ちライン』

勝ちポジションと、負けポジション。もう一度、中村俊輔さんの姿勢に話を戻したいと思います。彼はフリーキックやキックをするまでに時間がある場合、猫背なので、みぞおちとへその距離が短い。いわゆる負けラインです。そのためかかと荷重になりやすいのですが、キックをしようと踏み込もうとするときに姿勢が勝ちラインに変わるため、かかと荷重の状態で、全身のラインが作られ大きく傾きを生み、その姿勢を長く保持することができ、キック前後の一コマずつに直線と傾斜の美しい躍動感を作り出すことを可能にしています。

言い換えれば、ある一定の時間をかけてキックモーションを作らなければ、あの軌道のキックは蹴ることができません。突発的にサッと蹴ることは難しいわけです。たとえばセットプレーではなくインプレーで、短い時間の中でキックをしなければいけない状況を強いられたら、同じ蹴り方は難しい。その場合、彼は姿勢を変え、短いシュートモーションやボールタッチに合わせて姿勢を変化させてプレーしています。

そのことからもわかるように、起こった現象の状況や条件を踏まえず、名選手のプレーを絶対的なお手本と捉えてしまうと、間違った入り口からスタートする恐れがあります。そういった意味でもなんとなくいいなと感じるプレーを一つひとつライン、ポジション、タイミングで、ニュートラルに分析することで、感覚的に感じていた良さが具体的に見えてくるのではないかと思います。

みぞおちとへその距離を離した状態、勝ちラインでプレーするサッカー選手と言えば、クリスチアーノ・ロナウドやキリアン・エムバペ、リオネル・メッシもそうです。オフ・ザ・ボール時は猫背のメッシも、ボールを持ったり、加速時は勝ちラインになります。フィジカルが強いと言われた現役時代の中田英寿さんもそうでしたが、常に勝ちラインの姿勢でドリブルの最中に加速したり、急に方向転換したり、相手との衝突やプレッシャーに耐えたり、首を振って周りを見やすくしたりと、勝ちラインには競技にとってプラスな要素が詰まっています。

みぞおちとへその距離がしっかり離れた状態でプレーするのは、簡単なポイントではありますが、プレーの根幹になる重要な部分として言語化、共有できるといいでしょう。多少なじまなければ、自分仕様に少しカスタムしたり、たとえできなかったとしても「今はできていなかったなぁ」と気がついたとしたら、ファーストステップとしては大成功です。「知ると

→見える」ができています。

また、みぞおちとへその距離を長くすることが大事とわかっても、それが長く保たれない場合は、アビリティであるコア（体幹）トレーニングをするなど、働きかけを広げることができます。なんとなくコアトレーニングをするのではなく、目的をもって行えば、テクニックも同時に改善され、パフォーマンス改善の効果が大きくなります。

『ライン』がピンと垂直に立ったままというケース

上半身のラインについては、先述した猫背の問題が一般的ですが、まれにラインがピンと垂直に立ったまま、という身体の使い方をする人がいます。

人間が走れば、前方向へ身体が推進していくので、通常は正しいラインとポジションを取ると5～7度くらい全身が前傾します（※上半身だけが傾くと全身のラインがなくなり前屈になってしまう）。ところが、その前傾がなく、ピシッと上半身が地面に垂直に立ったまま、すごい速さで走っている。そのまま腕も振っている。それはまるでロボットのような垂直走りというか、少し不気味に感じるようなフォームですが、でも速い。変な走り方だけど、速い。そういう走り方をする人はまれにいます。

それは身体に何が起こっているのでしょうか。垂直のままで走るのは変だから、「前傾しろ」と指導したとします。それはまさに、その現象にアプローチしているわけですが、面白いことに、この世の中のすべてのものは、その現象に直接アプローチしたところで解決しにくいという真理がありま す。肩が上がってしまう人に、「肩を上げるな」「肩を下げろ」と言っても直せないのと同じです。その現象を引き起こしている本質的な部分にアプローチしない限りは直らないのです。頭痛がするから鎮痛薬を飲んだけど、頭痛の元は直っていない。お金がないからお金を借りるけど、根本は解

（図14）腕の『ポジション』のNGとOKの例

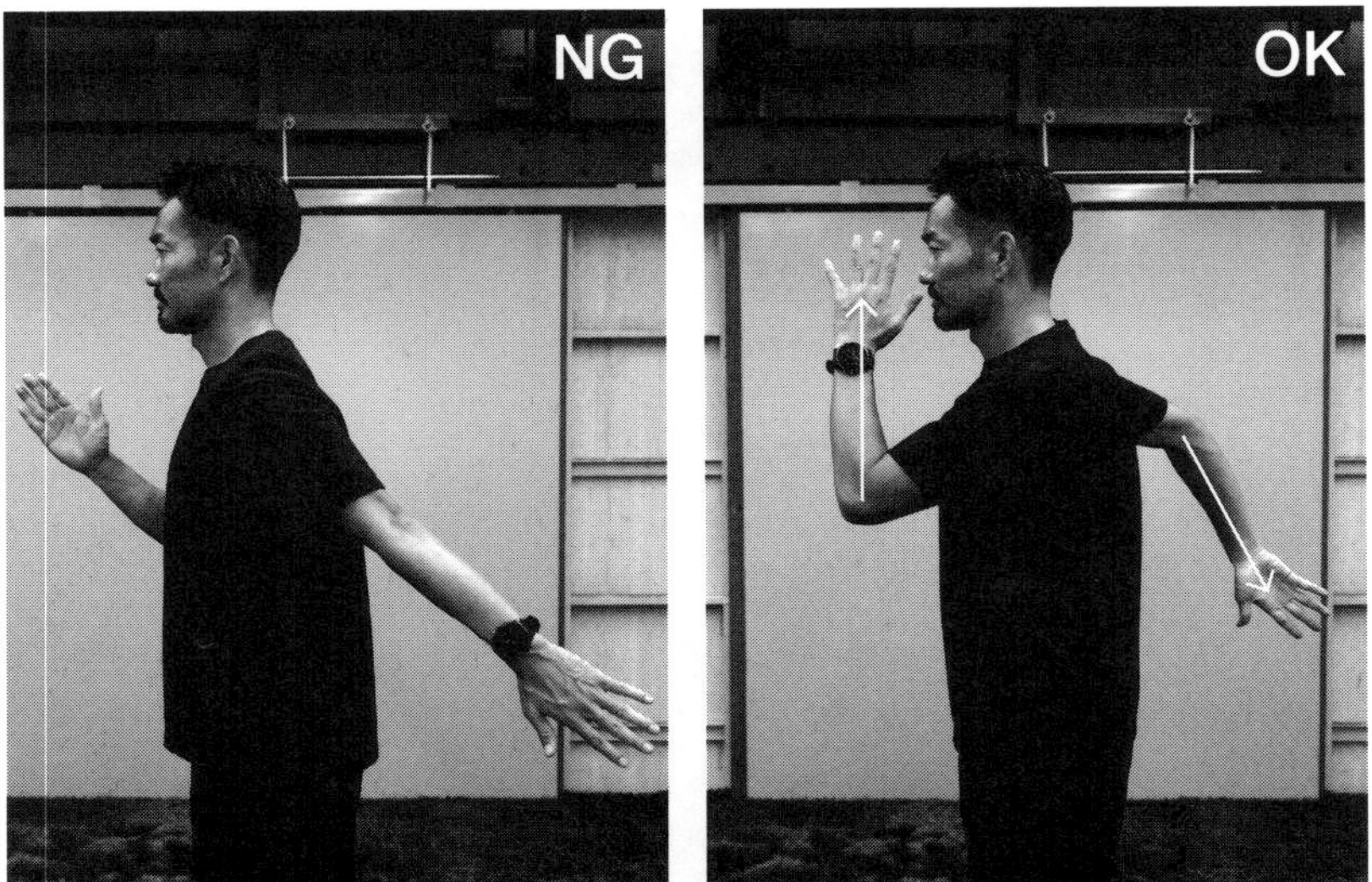

左は肘中心の動きになり、前腕や指先が「前後ろ」を指している。
右は肩中心の動きになり、『空・地面』を指している

決しない。それと一緒で、前傾させようとしても前傾できないのです。

焦点は腕の『ポジション』です。この場合は、次の2つのバッドパターンのうちどちらかのケースが多い（図14）。

①前方にある腕・指先が空ではなく前を指していて、肘が伸び気味に下がってしまっている状態のとき、手首が身体から遠くに離れていってしまっているケース
②後方に引いた腕が地面ではなく、後ろを指してしまっているケース

これらの動きの共通点は、腕振りが「前・後ろ」になってしまうと肘の動きになり、『空・地面』になると肩の動きになることです。試してみれば、腕の振りやすさや力の入れやすさなどの違いを感じられるでしょう。これらが①で後傾してしまう人は、②を行うと逆に前屈しすぎてしまいます。その逆も同様で、自らの傾向を知っておくことも必要です。

『空・地面』の腕振りをしながら、足がそれに連動していくと、自然な前傾が起きます。緩やかな斜面をスキーで滑るとき、斜面に対して垂直になるよう、身体が前傾すると思います。正しく力を発揮しようとすると、その方向へ身体が傾くのは自然な身体の動きなのです。そ

れでも、そうならないということは、腕の振り方などでポジションに間違いがあり、身体が垂直に立ちすぎる現象を引き起こしたりしているのです。

人間の身体は、ラインを整えるとポジションが連動して正しくなったり、逆にポジションがずれることでラインも曲がるといった具合に、ラインとポジションは、タイミングを含めてお互いに影響を及ぼし合うものです。腕の振り方によって上半身のラインが変わることも、その一つといえます。ラインとポジションをきちんと見極めていくと、その現象を起こしている本質のパーツに辿り着くはずです。

このような一風変わった直立した姿勢で走るアスリートといえば、サッカーのクリスチアーノ・ロナウドが典型です。彼はまさに肩が少し後方に引かれ、上腕の位置が後ろに保持されたままで走っているので、身体が垂直に立っているように見えます。勝ちラインの部分が非常に強調されているので、印象ですべて直立し過ぎているように見えますが、急加速したり、最高速で走っていたりする際は全身が軽く前傾していることが見えてくると思います。

ただし、上半身の姿勢がいいプレーヤーは、ボールを扱うことや、ブレーキや方向転換の速さ、広い視野の確保といったスキル面を含めたメリットがあるかもしれないので、サッカーという競技を考えたときは、直すべきかどうか、判断が分かれるかもしれません。また、同じプレーヤーであってもプレーによって違いがありますので、印象でそのプレーヤーの特徴を決めつけず、一つずつ現象を見ていくと、今まで見えなかったことが見えてくると思います。テクニックの改善は、入り口としてライン、ポジション、タイミングから分析を始めますが、身体の構造や目指すパフォーマンスは、人によって、あるいは競技によって異なるため、習熟したあとの出口がそれぞれ違うのは当然です。

もう一つ、走りに前傾が起きない要因としては、腕の振り方のほかに、足のタイミングが合っていない可能性も考えられます。過度に足を上げたとき、股関節と膝の屈曲のタイミングが合っていない。つまり、本来は股関節と膝は、同じようなボリュームで曲がらなければならないのですが、股関節の曲がりに対して膝が曲がらず、開いて着地してしまう。脚を上げたときのこの膝の角度が大きくなると、身体は前傾しづらくなります**（図15）**（※逆に股関節よりも膝が大きく曲がりすぎると前屈し、頭が前に突っ込んでしまうような体勢になりやすい）。やってみるとわかりますが、身体が後ろにもっていかれるのです。前傾が正しく起こらない要因は、腕の振り方と、脚の屈曲、伸展のタイミングの2つに分けられることが多くあります。

(図15) 股関節に対する膝の屈曲

股関節・足首に比べて
膝の屈曲が足りない
(Cから離れている)

股関節と膝が
同じボリュームで
屈曲している

正しい『ライン』と『ポジション』を身につけると『タイミング』は自然と合う

『ライン』は身体の中にどれだけの直線があるのかを見極める。『ポジション』は頭、肩、肘、手、胴体、腰、膝、足首といった各部位の場所。この身体の各パーツのポジションによって両端が定まると、そこにライン（直線）が生まれます。

そしてポジションは、ずっとその場に止まっているわけではなく、次の地点へ向かって動かします。たとえば、ハイニー（腿上げ）ドリルを行っているとして、腕を空というポジションから、地面というポジションへ振る。足は地面というポジションから、C（膝の高さ）というポジションへ動かす。

こうした2つのポジションの軌道が発生すると、同時に『タイミング』が出てきます。足がCへ上がった瞬間、手は『空・地面』を指す。このような複数のポジションの静止画と、その間の軌道となるコマを調整してタイミングを合わせると、ポジションの連続性が徐々に写真から動画になっていきます。

手や足のタイミングがずれると動きはぎこちなくなり、パフォーマンスが下がってしまうので、そのタイミングを合わせるため、「足がCに到達したときに、腕は空・地面を指しているか?」と問いかけます(図16)。正しいラインとポジションを身につけると、タイミングは自然に合ってくることが多い。あとは繰り返しになりますが、意図的にタイミングをずらしたバッドデモをやってき、タイミングが合う、合わないの基準となる感覚を明確にすることが大事です。タイミングがずれたとき、それを認知するためです。

人間が動きを変えるためには、関節を動かすしかありません。タイミングを言語化するためには、関節の曲げ伸ばしのタイミング、始点・終点(最高点・最下点)のタイミング。片方または、その両方のタイミングや対角線上のタイミングなどを組み合わせます。つまり、○○(身体の部位)が

(図16) 正しい『ライン』と『ポジション』と『タイミング』の関係性

足がCへ着いた瞬間、手は空と地面を指しているか?

△△（場所）に来た瞬間、◎◎（身体の部位）は▲▲（場所）にある、というふうに言語化するわけです。この場合私は、タイミングを合わせるには『着地』＋『C』＋『空・地面』、この3つのタイミングを合わせようと伝えています。

タイミングはラインやポジションとは違って、静止画上に表現されない、目に見えにくいものです。だから難しく感じるのではないかと思いますが、前記のように、各部位のポジション同士の位置関係を瞬間ごとに表現すれば知ることができ、見えるようになる。見えるようになると評価できるようになり、できるようになると思います。

サッカーのキックモーションでいえば、踏み込んだ軸足の足の裏が勝ちポジションになった瞬間、蹴り足はどこにあるか。それを見ると、各選手でタイミングの違いがあることがわかります。一人の選手はまだボールよりも後ろに蹴り足があったり、一人の選手はボールにヒットしていたり。前者は少し軸足でためる時間が必要になりますが、後者はキックするまでの時間が短いコンパクトなモーションで蹴ることが可能です。タイミングの違いは、そういうイメージです。

タイミングの見方は関節の曲げ伸ばしと始点—終点（着地と最高点）

タイミングには２つのタイミングがあります。環境に左右される「行動」に伴うタイミング、個人による「動作」に伴うタイミング、この２つです。それぞれを説明していきます。

■「行動」（＝スキル）

これは「走ったり」「蹴ったり」などの動き出しに伴うパフォーマンスそのものを発揮するタイミングです。相手や状況、環境との関係性で説明されるタイミングと言い換えられます。たとえば、サッカーでいえば相手の背後に抜けるときのタイミングは周りの環境や状況に左右されるので「行動」のタイミングといえます。

■「動作」（＝テクニック）

もう一つは、「動作」そのもののタイミングです。これは身体の部位そのものが動くときのタイミングを指しています。右手・右脚などの部位同士が動くときのタイミングなどを指しています。

動作は次の3つに細分化されます。

①関節の曲げ伸ばしのタイミング（動作の中でもさらに部位ごとに分解）
②始点―終点（動き始めと動き終わり、着地と最高点）
③左右（両手・両脚）・前後（押す・引く）・上下（上げる・下ろす）・対側（右手と左足）・同側（右手と右足）・回転（まわる・振る）・回旋（ひねる・投げる）

なお、③はさらに次の5つのパターンに分かれます。

1．両側の動き：両足ジャンプのように両手両脚が同じように曲げ伸ばしされる両側の動き
2．同側の動き：サイドステップのように左右のどちらかを軸に腕と脚が同じように動く
3．同側回転：ゴルフのように左右どちらかの軸を中心に同側回転する動き

4．対側の動き：走る動きになると、右腕と左脚、左腕と右脚といったように対側の動き

5．対側回旋：右腕と左脚が前に出ながら回旋する投げるような動き、またはひねりの動き。対側回旋する動き（厳密に言うと、ゴルフなどのスイング系は対側の回旋の動きから始まり、同側回転へ移行する）

身体の「部位」を動かすタイミングについてもう少し説明します。

たとえば、「1．関節の曲げ伸ばしのタイミング」について。

左右の脚の曲げ伸ばしを考えたとき、スクワットのように左右同時に曲げ伸ばしたり、腿上げする際には左右対称に左は曲げ、右は伸ばせているか。その動作の行われる始点・終点はどうか。つまり、着地と最高点のタイミングが合っているのか。歩きの動きでいえば、片方の脚を着地したとき、もう一方の足が最高点に到達するタイミングなのか。

これらを細分化した上で、

●左右の関係性ではなく、右脚の股関節・膝・足首それぞれの曲げ伸ばしのタイミングはどうなのか

●股関節よりも先に膝が曲がり始めてはいないか、そのせいで大きく脚が後ろへ流れてしまってはいないか

などに着目します。そこに上半身の「動作」のタイミングも加わり、さらに上半身と下半身の全体のタイミングに移行していきます。

ラインとポジションを正しく整えれば、タイミングは自然と合います。というより、時間をかけてポジションを変化させれば、それぞれのペースでやると必ずできるのです。ただし、それを制限された時間内にやろうとしたり、自分の最高速で動かせる速度でタイミングを取ろうとすると、難しくなってきます。相手のディフェンスを受ける前にタイミングを合わせて回避動作をしたり、100メートル走で最高速を出すために早いタイミングで動かすなど、より短く、早く合わせようとすると難易度が上がります。そこで合わせられる選手は優秀であり、タイミングが合うまでに1秒かかる人、片方のポジションが待つ形になってしまう人、ゆっくりでなければ合わせられない人は、いわゆる運動能力が低い人と受け取られてしまうと思います。

とはいえ、自分が合わせられるタイミングを超えて速く動こうとすると、タイミングが合

わず、逆にパフォーマンスが下がります。これは部位を速く動かしているだけになってしまい、動作として成立しない場合があります。腕振りをタイミングを超えて動かすと、腕振りではなく、指先だけを速く動かしているだけになるので、タイミングが取れる範囲で速い・強い動きを行うことがポイントです。そして、そのタイミングをよい速い動きで合わせられるようにトレーニングするために、「タイミング」をまずは知ることから始めていきましょう。

たとえば、腕を身体の前に伸ばし、肘を伸ばしたまま左右に連続で振ってみたとき、全力と全速の区別がつきますか？　腕全体に力を入れて振ると力が入っているのを感じれらますが、速くは振れません。また、速く振ろうとすると先程よりも力は入っていません。さらに大きく速く振ろうとすると、左に振り切るのではなく、左の終点の前に右に動かす準備を行いながらこう感じるはずです。「しなりやキレを感じた」と。

終点に向けて振り切ったのか、始点から一気に動かしたのか、または、終点と始点のつなぎ目を滑らかにしたのか。動作やタイミングを説明することができます。

この動作のタイミングを発揮し続けられる範囲内で動かすことがパフォーマンスです。このタイミングを超えて動くと、いわゆる「力み」や「バタバタしている」または「まったりしている」「キレがない」などの印象をもつと思います。10キロのバットを振って当たったら、かなりボールが飛ぶかもしれません。でも、自分のキャパシティを超えていたら、バットを速く振れないわけです。1キロのバットのほうが速く振れるので、プラスマイナスでいえば、10キロのバットはマイナスのほうが大きいのです。同じようなことが人間の身体にも起きています。

また人間の特性として、タイミングがずれやすい動きもあります。たとえば走り方について、腕振りの『空・地面』のポジションと、腿上げの最高点と最下点のタイミングを見比べると、合わない人は手が遅れるケースが圧倒的に多い。これはどの動きにも共通していますが、手と足を比べると、足のほうがエンジンが大きく、手はその割に動かす幅が大きいので、リズムが遅れやすい。だからキックを直すときも、手のほうからアプローチしてタイミングを直すことはあります。手の開きが遅れた結果、足を折りたたむタイミングや、身体を開くタイミングがずれてしまうことがよく起こるからです。

ただ、すべての競技や動作における最適なタイミングを知るのは難しく、まるで図鑑を作るようにそれを知ってほしいわけではありません。タイミングのスイートスポットは人それぞれなので、各自の一つ先の段階へ向かって、一コマずつつないでいけば、パフォーマンスは十分に上がります。たとえば足が着地し、その後、反対の足がC地点に到達する際に、腕は空と地面を指している。それが走り方のタイミングの基準と知れば、そこで初めて自分のタイミングを見ようとすることができると思います。そこからスタートすることが大事です。そのタイミングは少し改善されるだけで、驚くほどパフォーマンスは大きく変わるということをぜひ知っていただきたいです。

手のタイミングとか、足のタイミングとか、考えたことはなかったかもしれません。でもタイミングの見方というのは、始点と終点（着地と最高点）、関節の曲げと伸ばし。これらの部位同士のポジション関係を、一コマずつ見ていけば言語化できるのです。言語化すれば知ることができ、知れば見ることができ、改善ポイントもわかるわけです。

山ほどの知識や方法論を知ることも大事ですが、それ以上に、現象を本質的に捉えて、自ら分析して結果までのプロセスを導き出すこと。パフォーマンスの0を1に変える。動作改善の入り口の見方を身につける。それができれば、自走が可能になりますし、最も大事なことだと考えています。

こうした動作のタイミングを解説するケースは、世の中にあまりないと思います。出発するタイミングや、いつ動き出すかなど、スキルの文脈で言うところの「タイミング」に加えて、そのためにはどう動けばいいのか？　さらにそのための身体のパーツを動かすタイミングを言語化しようとすることで、今まで見てきた動きに新たな発見があったり、それを繰り返すことで、新しい気づきや世界が見えたりすると良いなと思います。身体のパーツを動かすタイミングや、どこでポジションとポジションの点を合わせるか、という身体動作のタイミングについて、この章でお伝えしたことが実践に役立つのではと思います。

四章 指導スタンス

グッドイメージとバッドイメージをセットで使い分け基準を明確に知ってもらう

私自身、指導を行うときに気をつけていることがあります。できるだけ、選手やコーチのみなさんに対して、明確で、前向きになれるコーチングがしたいと思い、グッドワードを使うことを意識しています。しかし、ついついバッドワードを口にしそうになることがあります。「負けラインにならないように」「力まないように」と。しかし、あれはやめろ、これはやめろと、バツをつけるような言葉を次々と投げかけられても、大半の選手はどうすればいいのかわからず、戸惑うばかりです。自分のゴールが見えず、そこへ向かう方法もわからないまま「頑張れ、頑張れ」では、ストレスを抱え表情は暗く、つらくなってしまうのではないかと思います。

大切なことは、具体的な方法を示すグッドワードと、それを実践したグッドイメージ、さらにパフォーマンスが下がるやり方を意図的に知るバッドイメージを、両輪でもっておくこと。できていることや、伸びしろとなるところを明確に伝え、現状の段階と、その一つ前の段階、一つ先の段階を踏まえ、ライン、ポジション、タイミング、あるいはアビリティやスキルから、改善の道筋を作る。それを大げさでもポジティブでもなく、ただただ追求し、一つ先の未来の絵を言葉で伝えていくことだと思います。

たとえば、「足の裏に勝ちポジションを作ろう」と伝える。あるいは、みぞおちとへその距離＝「勝ちラインを長くしてほしい」と伝える。そうすると、選手はありたい姿＝ゴールへ向かって具体的なアクションを起こせるので、自然と気持ちがポジティブになり、「自信をもってできます」と明るく言います。選手の家族などからは、「最近、楽しそうにしているんですよ」と言われたりするのですが、「どうすればできるのか」をポイントにしているので、確かな足取りでゴールへ向かう実感を楽しんでくれているのかもしれません。

「足が流れないようにしよう」とか「肩が上がらないようにしよう」といったバッドイメージだけを伝えるのはなしです。バッドイメージはグッドイメージとセットで使うことで、できる基準をより明確に知ってもらえ、すべては前に進むための言葉という意味では、パフォーマンスを否定することなく、ストレスがないのかもしれません。

実際、選手はそうしたポジティブな感覚を、動作ができるフェーズになる前に、よく発していています。言語化されたイメージを聞き、これから伸びそうな自分にワクワクするのでしょう。早く実践してみたい、と。また、そういうワクワク感を得た選手ほど、自立し、自走によるパフォーマンスの改善を始めるのも早い。これはグッドワード・バッドワードを意識して、取り組んでくれている結果ではないかと思います。

重要なのは起きている現象を正確にすべて説明すること

私の大切にしていることの一つで「99％ではなく100％だ」と言えるような準備をすること。それには「なぜらなばこうだから」と明確な理由も必要になるからです。

実は私は子どもの頃、いわゆる「なぜなぜ君」でした。「なんでですか？」と聞いて、よく大人に怒られていました。なぜ怒られるのかといえば、大人が準備していない扉を叩くからです。そうやって疑問を感じつつも、納得のいく答えを得られない経験を子どもの頃にしたので、大人になった私は選手が答えを求めてきてくれたときには「なぜならばこうだからだよ」と100％言い切れるようしたいというこだわりがあります。自分の中で矛盾しているものや、不完全なものは人に伝えたくない。矛盾に対する抵抗感は自分の中に強くあり、その矛盾と戦うというか、シンプルにいろいろなことの言語化にこだわるのは、私自身の「なぜなぜ君」が原点かもしれません。

選手は基本的に「どうすればできるのか」を知りたがっています。いえ、これはアスリートでなくても、小学生も中学生も高校生もお年寄りも、誰でも同じはず。自分がいいのか悪いのか、といった評価も知りたいのですが、それ以上に、できる、わかるということが最大のモチベーションです。だから、そのやり方を視覚的に、そして言葉で示されると心が動く。具体的に言語化し、どうすれば良くなるのかを示してあげれば、選手のモチベーションはグッと高まるので、やらない理由はありません。

たまに選手からは「なんで一瞬の出来事を説明できるの？」と聞かれることがあります。確かに私はパフォーマンスについて質問されたとき、あまり考え込まずに即答しています。それはなぜかといえば、私が常に同じフィルターで見ているからです。アビリティ、テクニック、スキル。そこから紐付く9つの指標で見る。どんなパフォーマンスも、どんな競技も、どんな動作も、分析のやり方は同じです。パフォーマンスは扉を開ければ開けるほど、その奥にも扉があり、どんどん深くなりますが、その扉を開け続ける作業は、９つの指標、本質の部分さえ理解していれば、シンプルな言葉で説明することができるようになると思います。

重要なのは、起きている現象を正確かつ全体的に捉えること。普通ならスルーしてしまいそうな部分も含め、起きたことのすべてを説明できるようにする。もちろん、その全部を選手に伝える必要はありませんが、10個が見えた上で一つを選択して伝えるのか、それとも一つしか見えていなくて、その一つを伝えているのか。後者は客観性に欠ける恐れがあります。選手の大切な競技人生に関わるからこそパフォーマンスの要因全体を把握した上で選択した言葉で選手が迷いなく自身をもって望んでくれたらと思っています。

速さや巧さを再現できて繰り返す方法を知っているか

現在、指導を行う選手の中で成熟された選手が多くなってきているように思います。現役生活が一回りしたあと、最後の突き詰めをしたい、そういうイメージです。それはなぜかといえば、若い頃は成長とともにどんどんアビリティが進化してパフォーマンスが上がっていましたが、それが止まると、二進《にっち》も三進《さっち》もいかなくなる。アビリティの限界を埋めるために、テクニックやスキルに意識が移行するわけです。スキルは競技ごとにアナリストがいて、情報も増えていますが、テクニックのレイヤー、正しい身体の使い方はなかなか溝が埋まらず、最後の最後で彼らはそこに帰ってきているように思います。

　選手たちは常に進化に向かって歩んでいますが、一方では毎年、自然とパフォーマンスが衰えていく現実からも逃がれられません。だから新しい扉、今まで開けていなかった扉を開けたい。若い選手としてスタートしても、日々終わりに向かっていくことは避けられないので、その中でも生き抜く術や進化のきっかけを、新しい言語に求めている。それは強く感じています。

　超一流は、成長の途中でそれに気がつくので、自らアビリティを拡大しながらテクニックやスキルを埋めた状態でトップアスリートになります。だから、とんでもないことができる。それが最後の最後、アビリティの衰えに抗う形でテクニックに目覚めるのは、忸怩たる思いがあり、選手本人も「もっと早くにやっておけばよかった」と悔やむ部分はあります。だからこそ、最近はそういう成熟した選手が、若い世代の選手も早い段階で言語化したり、もっと自分の可能性に期待してほしい、と一緒に若手とトレーニングする姿を見てうれしく思います。

「アビリティとかテクニックとか……いいじゃん、速いんだから」「巧いんだからいいじゃん」「できたんだから」と考える人がいると思います。アスリートは結果の世界なので、そのとおりではありますが、重要なことはその速さ、巧さを再現できるのかどうか。私にとっては、そのプライオリティはものすごく高い。奇跡的に起きた1回なのか、あるいはそれを繰り返す方法を知っているのか。選手にとってどちらがハッピーなのかといえば、圧倒的に後者です。

言語で学ぶ、言語で知るというのは、まさに再現性を高めることです。再現性が高まれば、当然パフォーマンスは上がり、言語化されれば基準が明確になります。「大阪に行け」ではなく、「大阪のどこに何月何日にこの方法で行け」と具体的に言われると目標を立てやすいはず。遠く離れた土地の人がいきなり「大阪に行け」と言われたら、一瞬、唖然とすると思いますが、その空白の時間をなくしたい。まずは選手が地図上のどこにいるのかを示し、目指す方向を明確にし、いつ、どうやって、どのタイミングで行くのかを準備し、選手と双方向のコミュニケーションを取りながら、選手の叶えたい姿を設計していく。

そういう意味では、コーチはどれだけ準備を緻密にするかどうかで、選手が1分で進化するのか、10分で進化するのか、1時間かかるのか、1日なのか、1年かかるのか。彼らの運命を左右している責任があります。だからこそ会った瞬間から明確なことを伝え、「100%こうだ」と言い切れるような準備と学びを続けることが私のやるべきことだと感じています。

答えを求められれば「こうかもしれないね」ではなく「絶対にこうだから自信をもってやってみよう」と。

今起きた現象の原因はこれで、こうすることによって変わる、ということを的確にシンプルに伝える。それは相手が子どもでも大人でも、動くものに対してはそういう責任感で接していきたいと思っています。

実践編

連続写真と動画による実践

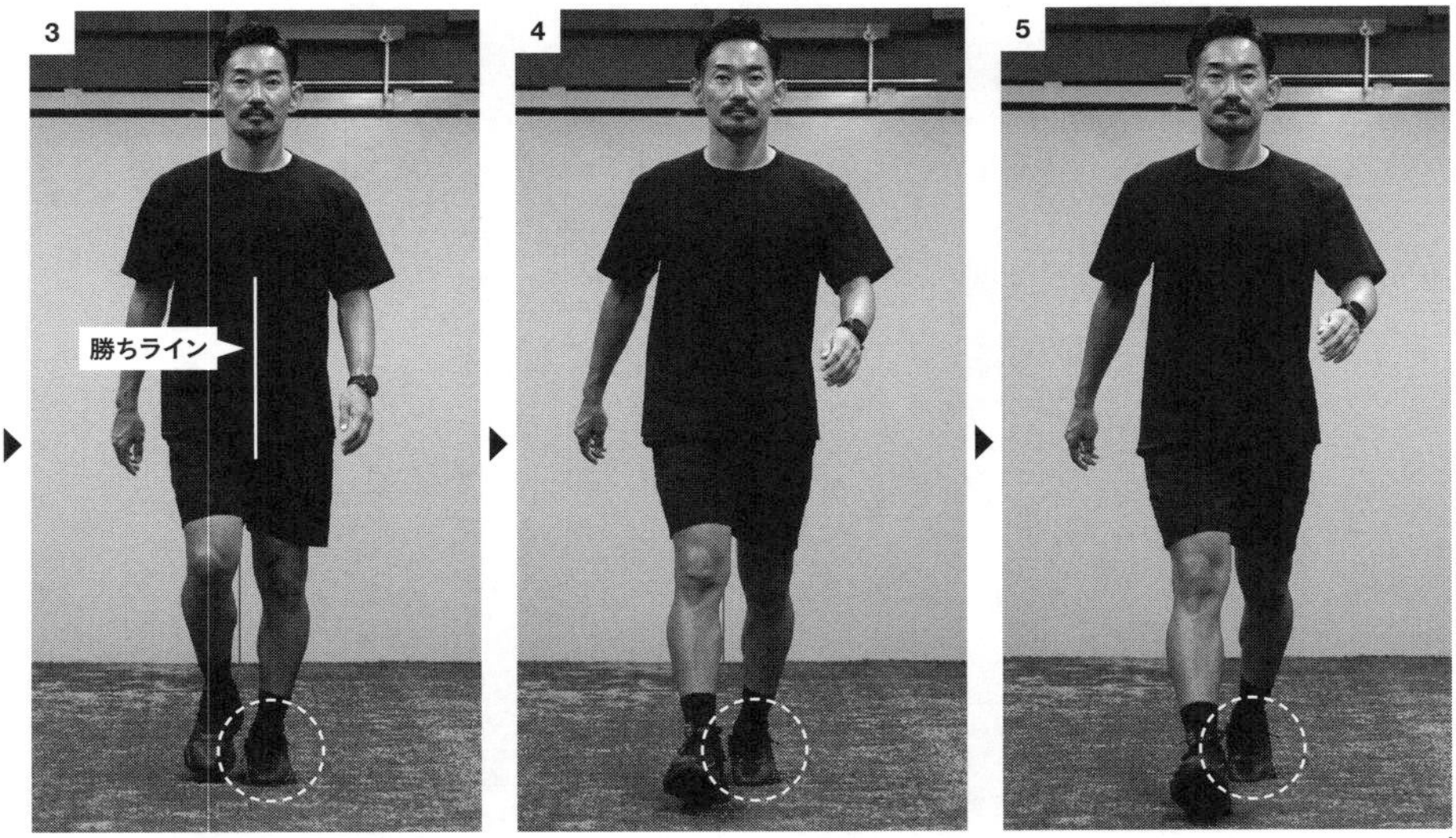

勝ちポジション

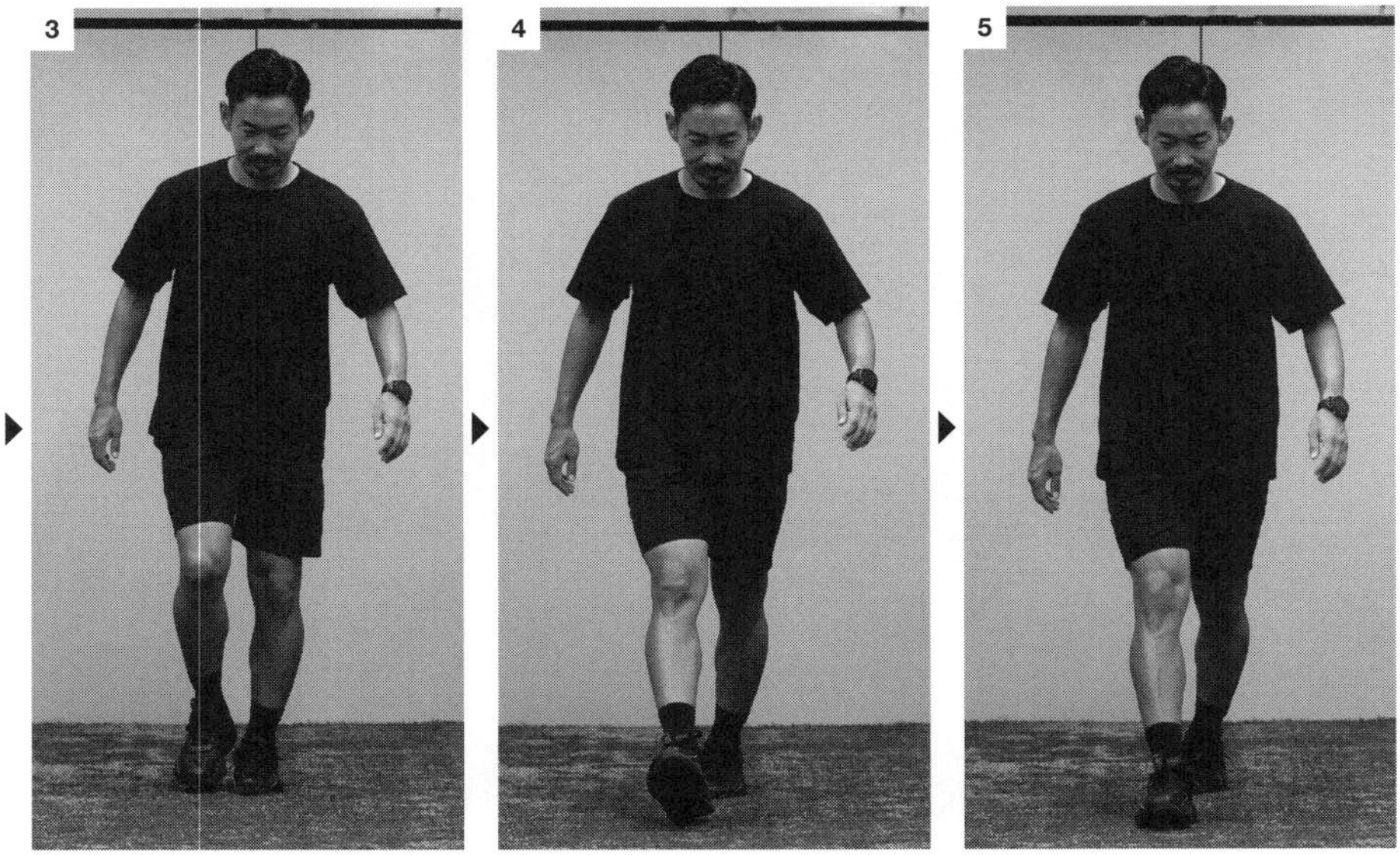

歩く（正面）

◎GOOD➡

【ライン】勝ちライン
【ポジション】負けポジション→勝ちポジション
【タイミング】—
【ポイント】姿勢は勝ちライン。足の負けポジションで着地して、勝ちポジションへ体重移動。より速く勝ちポジションに移行し、できるだけ長く勝ちポジションを保つ

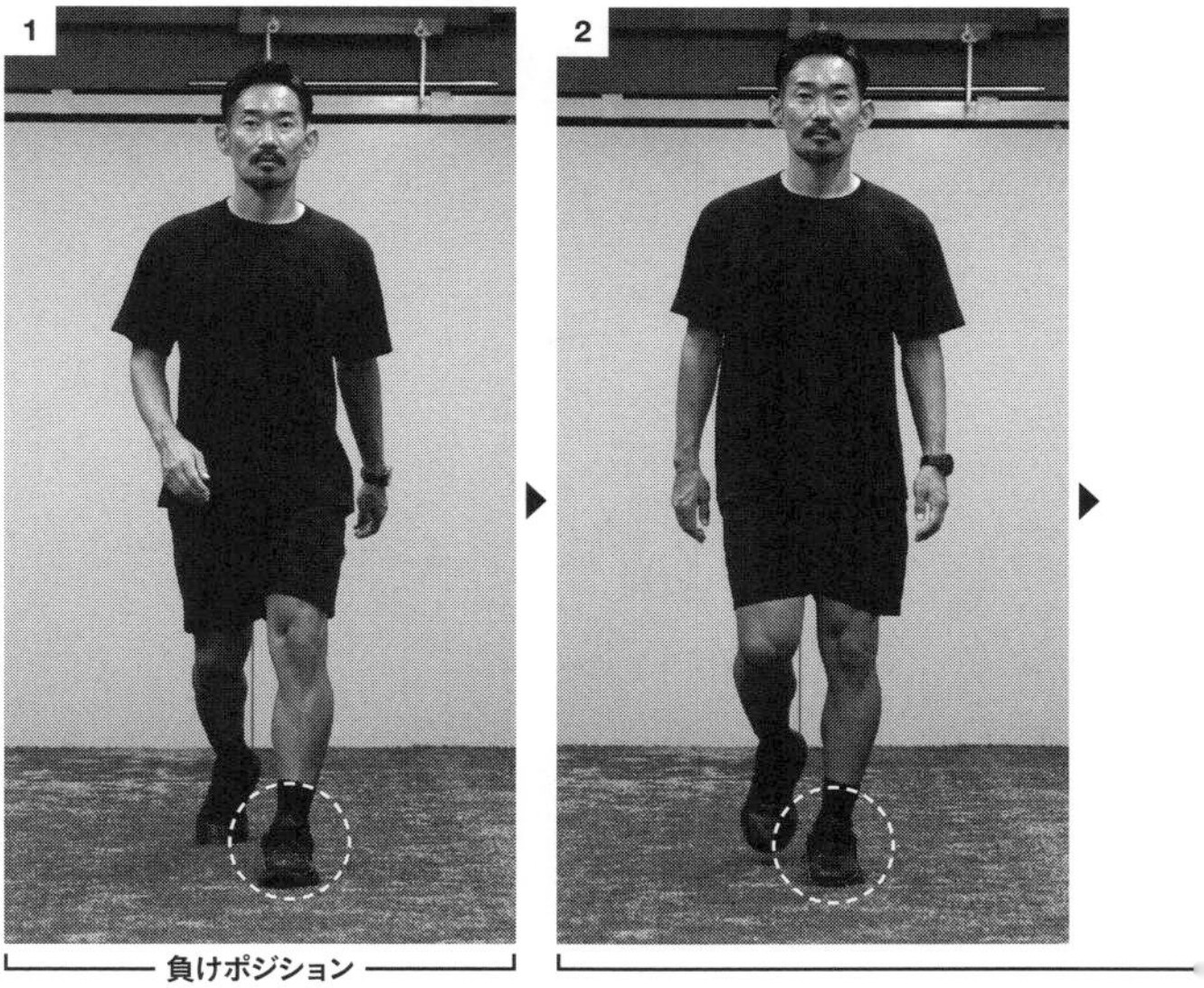

歩く（正面）

✕ BAD➡

【ライン】負けライン
【ポジション】負けポジション
【タイミング】—
【ポイント】足の負けポジションの時間が長く、勝ちポジションの時間が短い

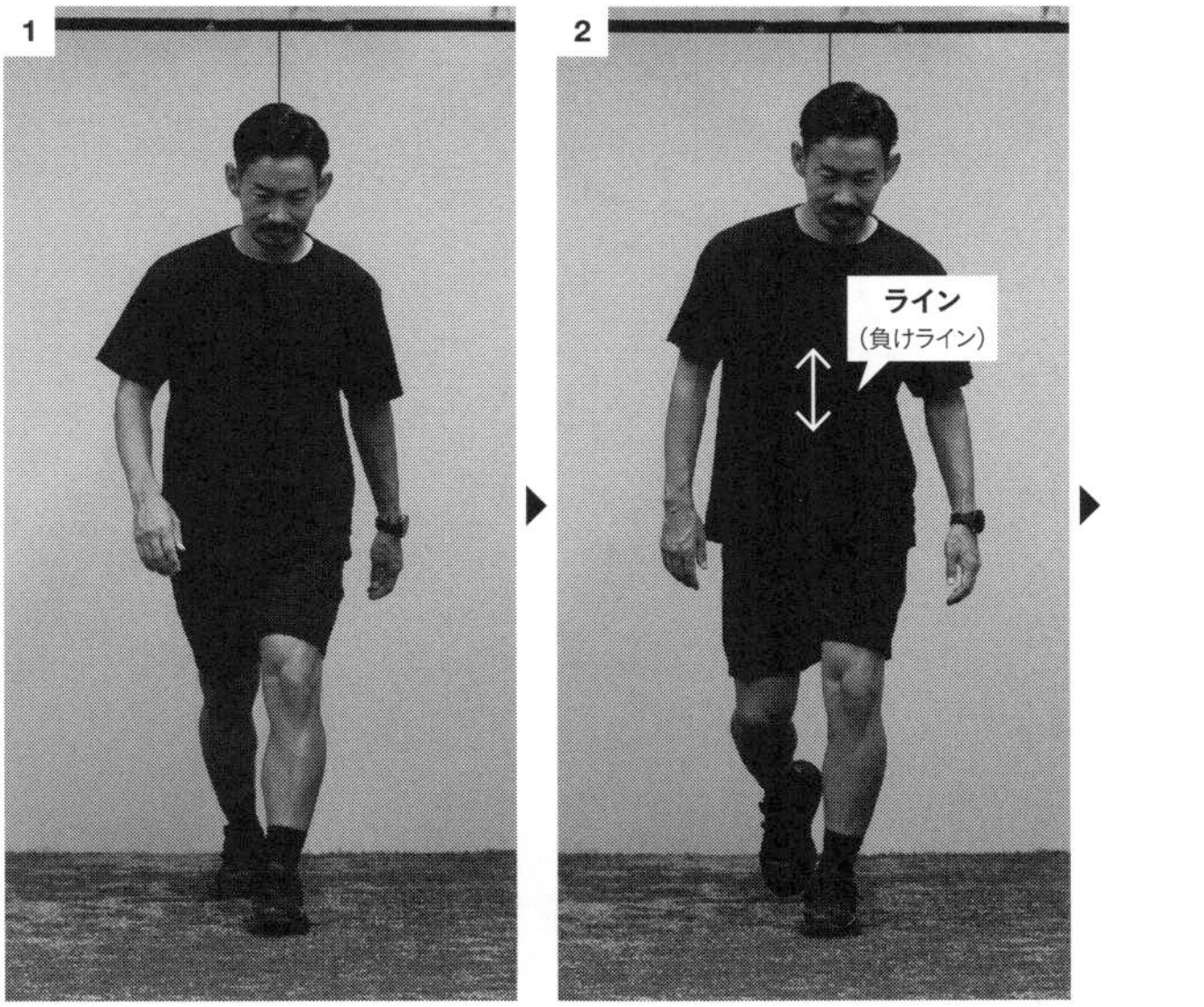

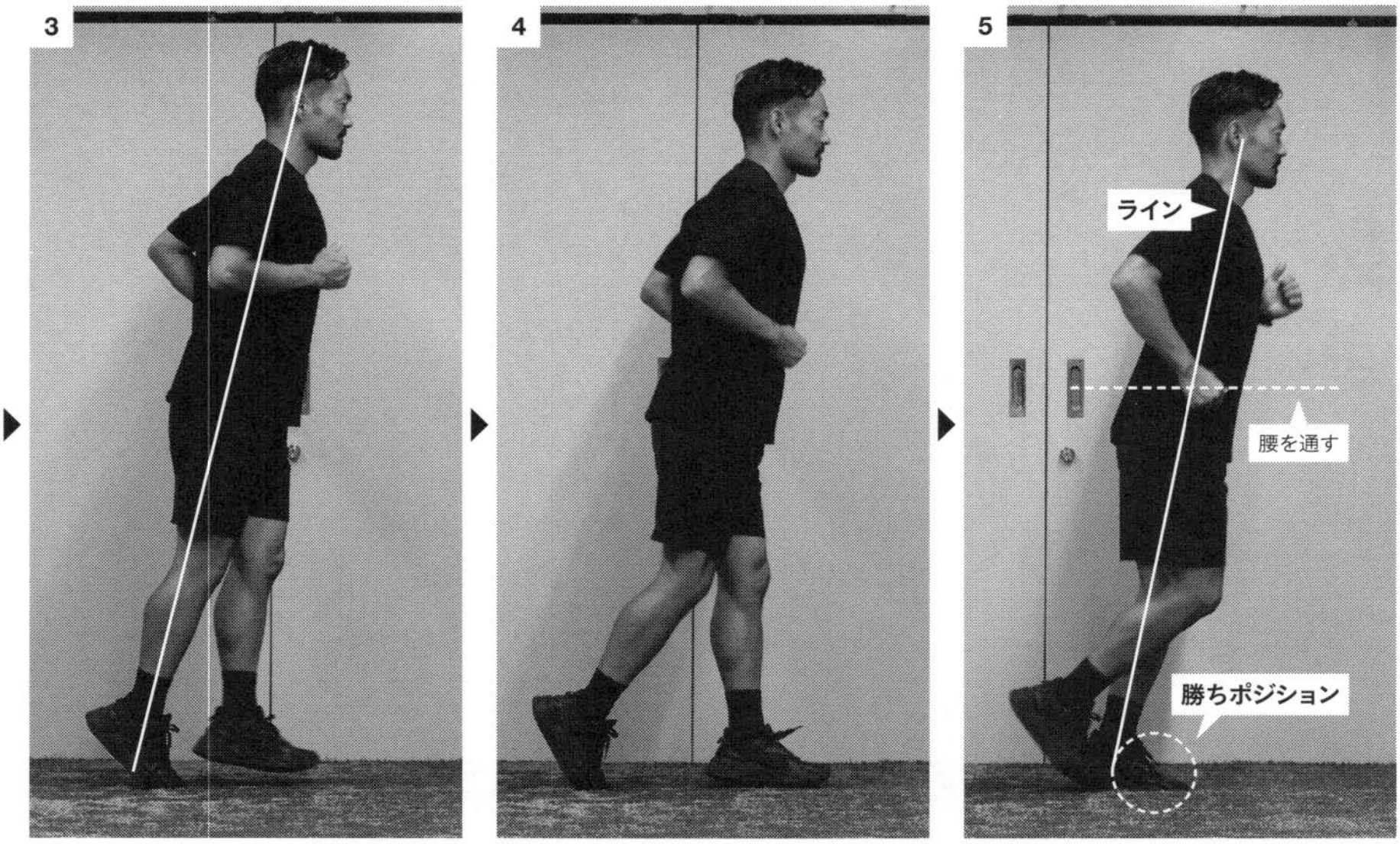
3
4
5
ライン
腰を通す
勝ちポジション

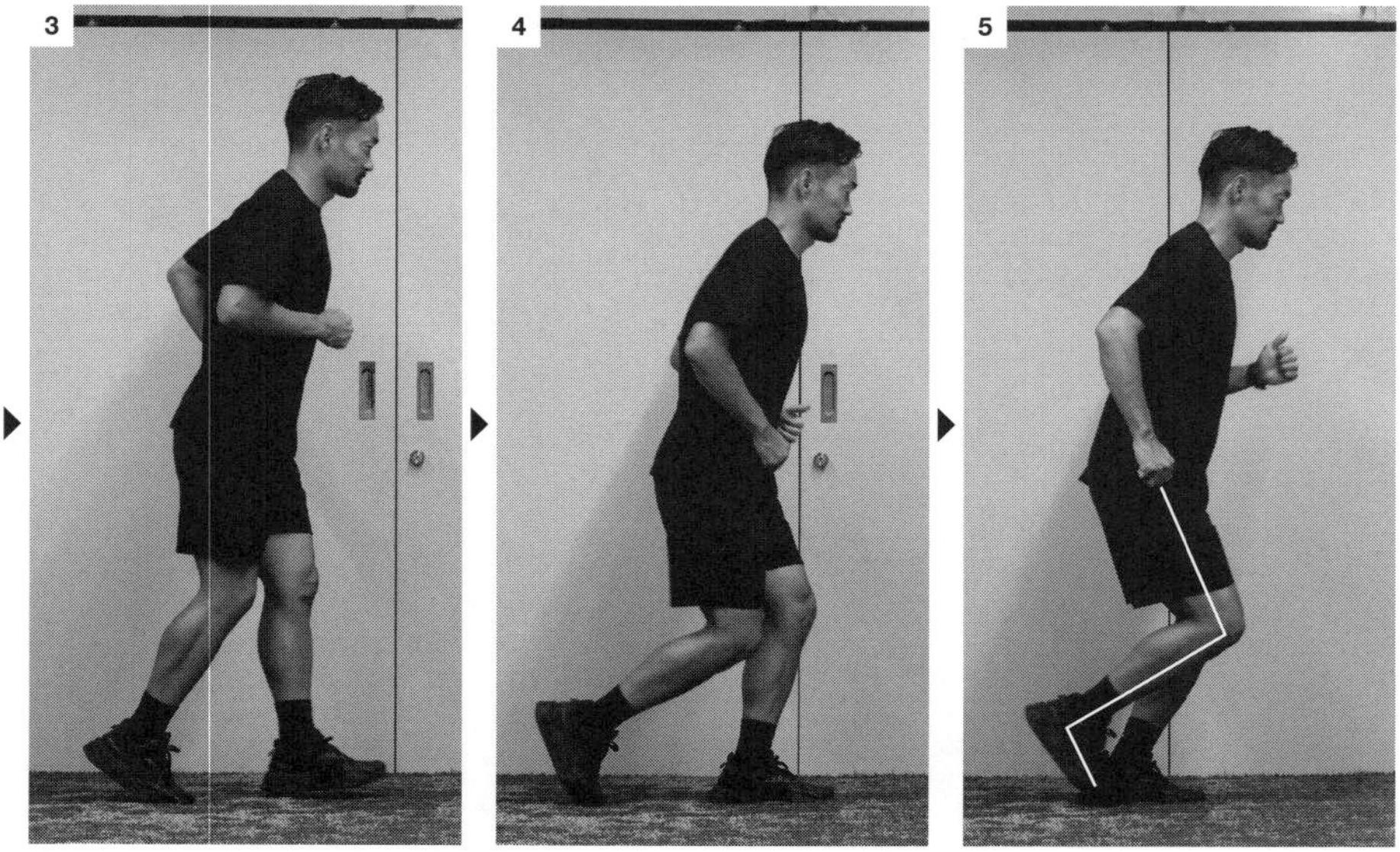
3
4
5

ジョグ（横）

◎ GOOD➡

【ライン】勝ちライン
【ポジション】勝ちポジション
【タイミング】―
【ポイント】勢は勝ちライン。勝ちポジションで着地。腕振りの手首は腰を通す

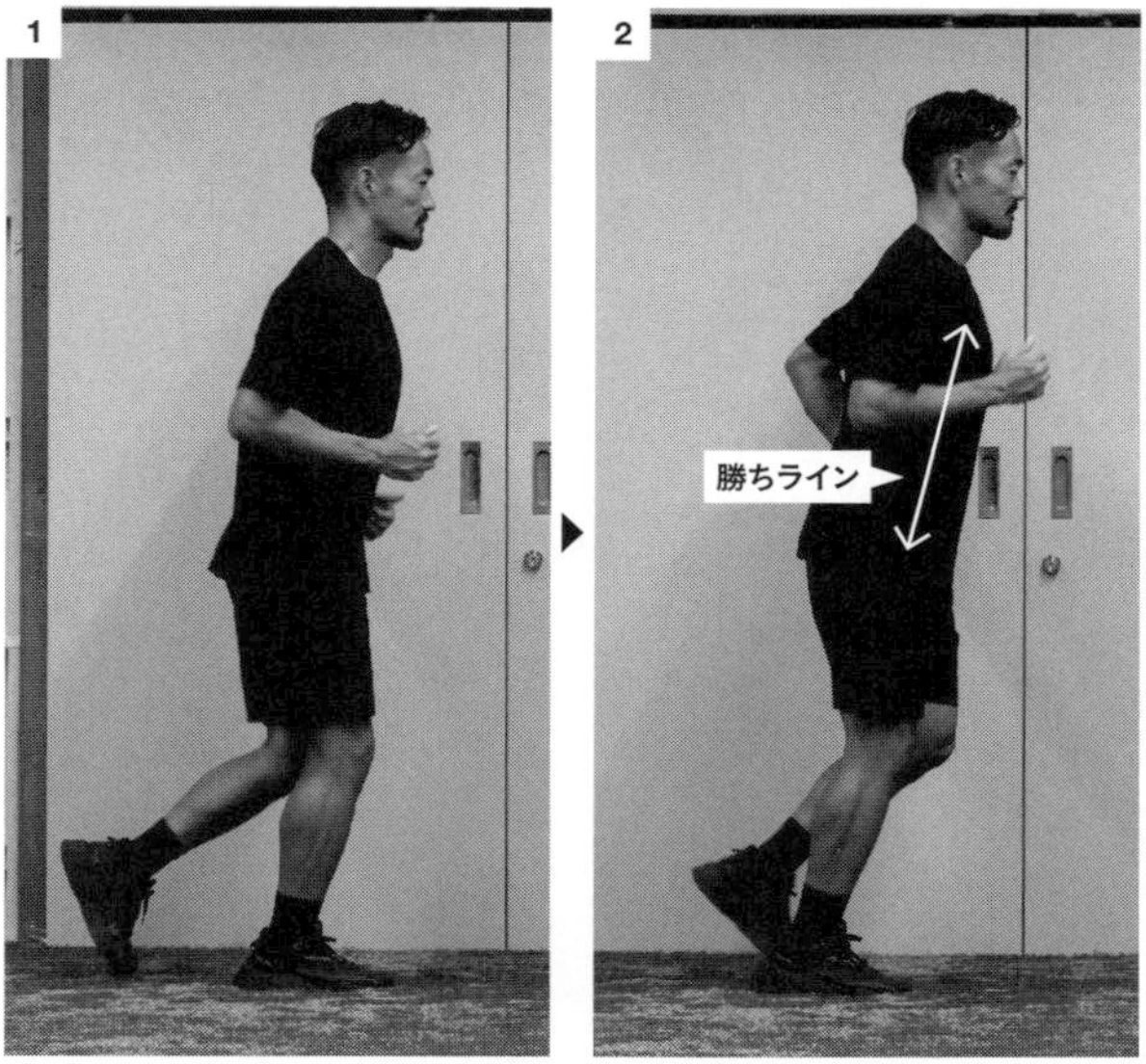

ジョグ（横）

✕ BAD➡

【ライン】負けライン
【ポジション】負けポジション
【タイミング】―
【ポイント】着地中の軸脚の膝が潰れてしまっている

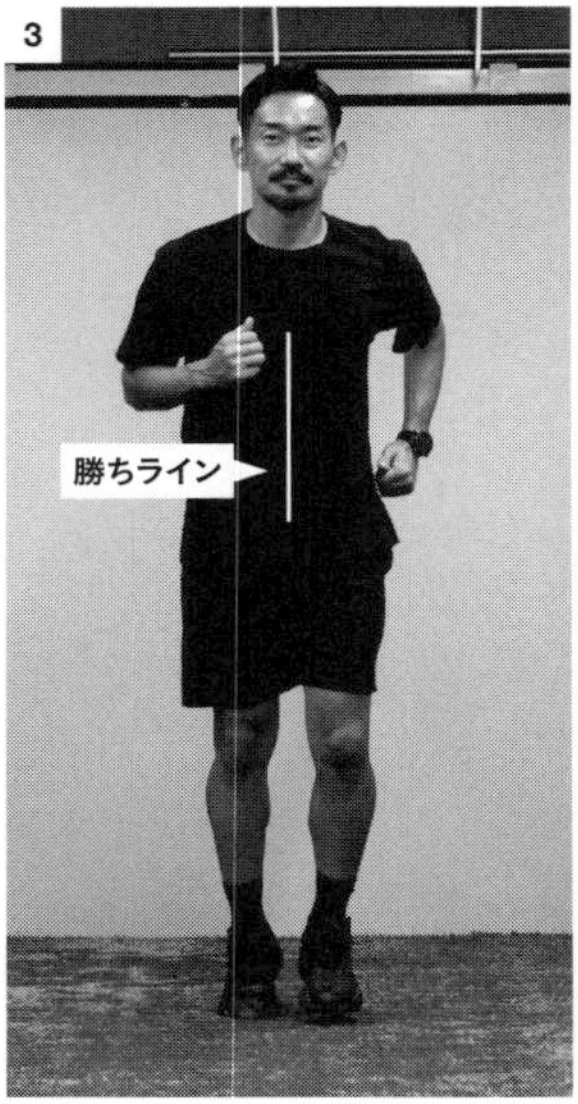
3
勝ちライン

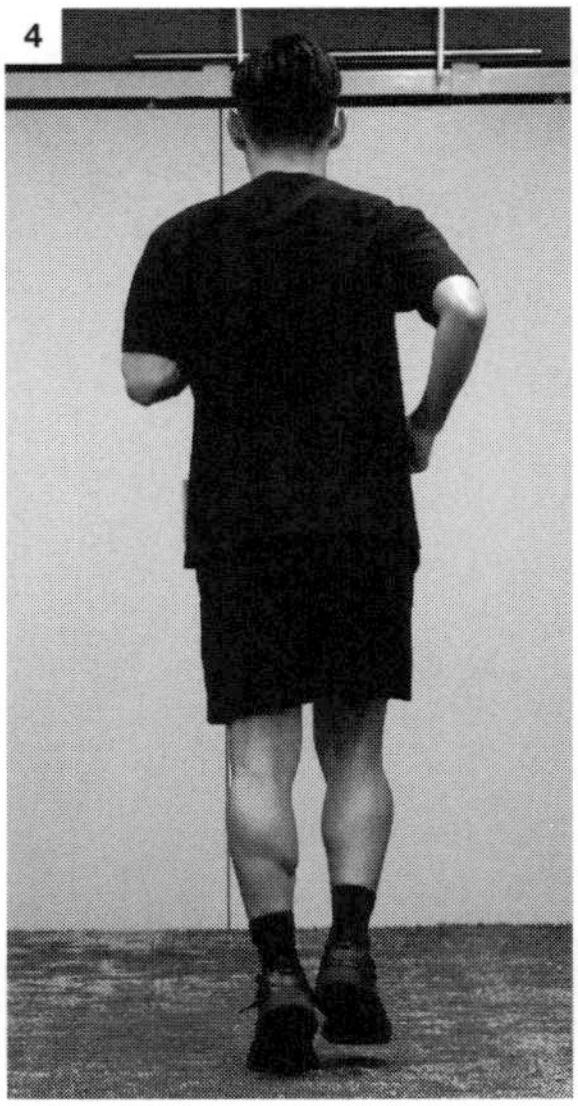
4

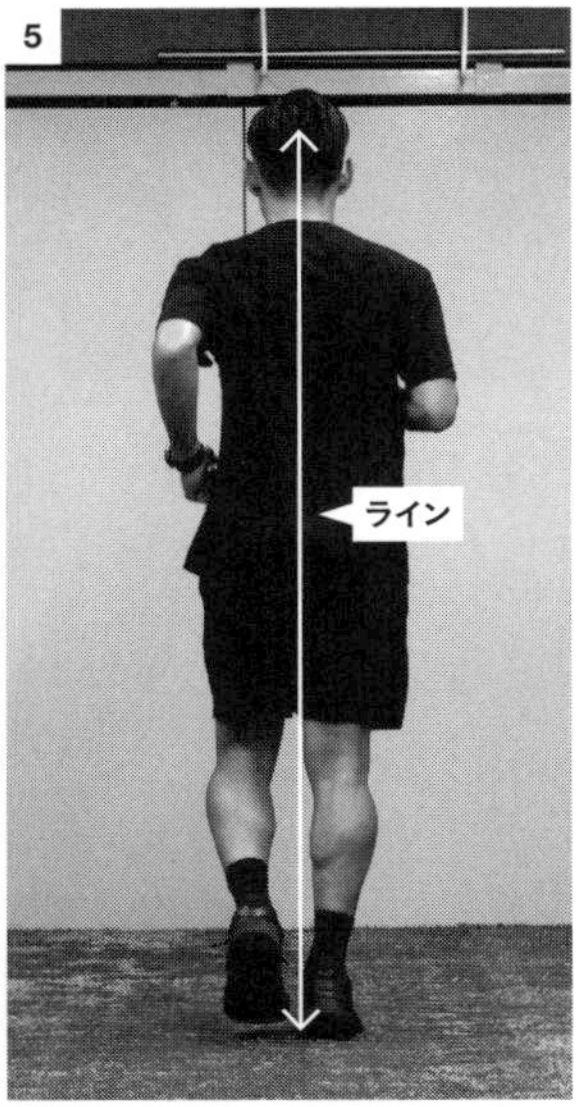
5
ライン

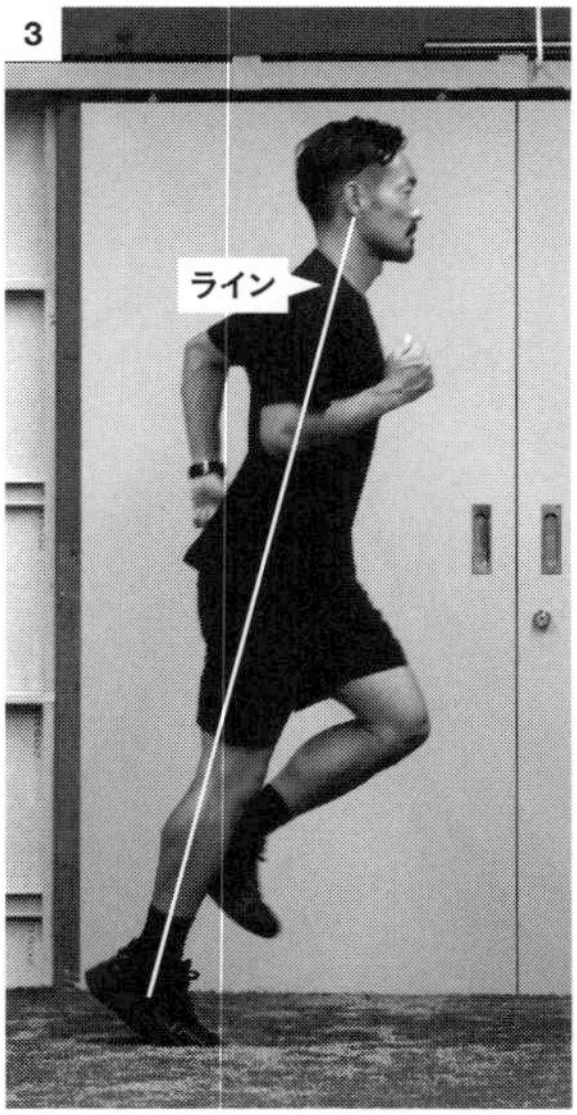
3
ライン

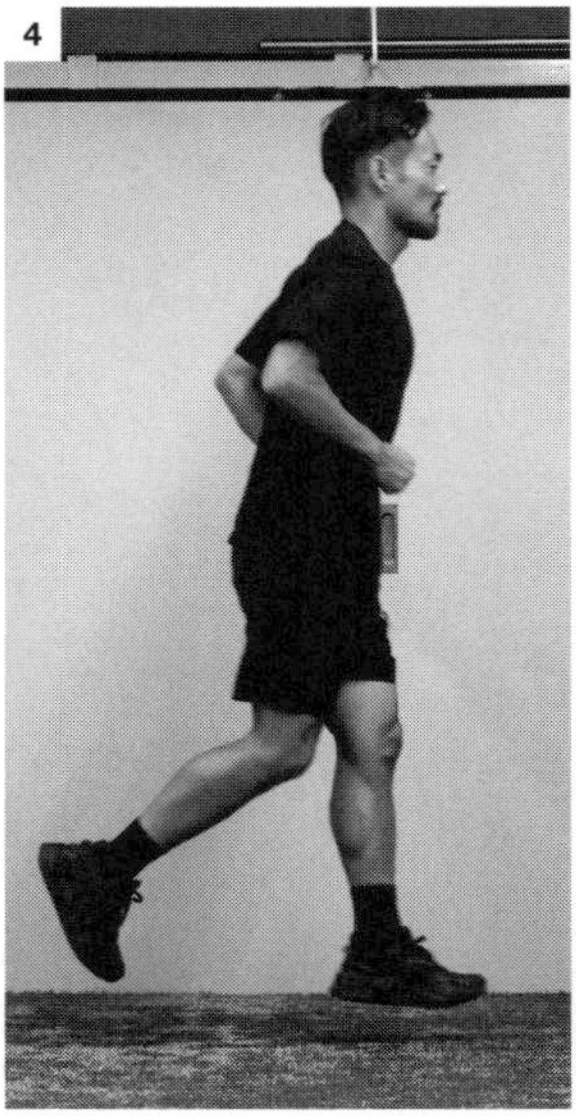
4

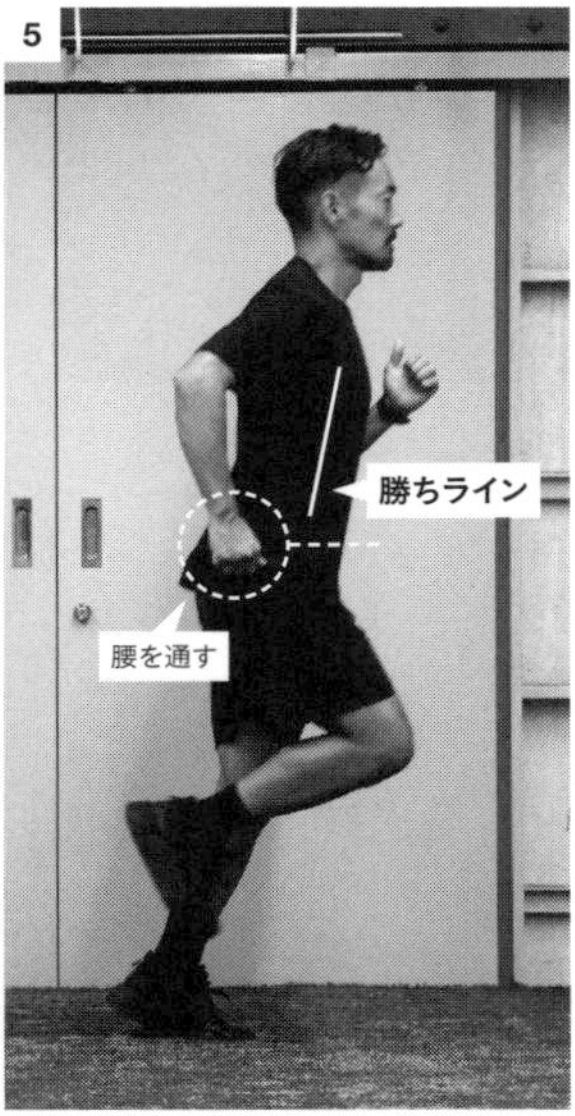
5
勝ちライン
腰を通す

ジョグ（正面）

◎ **GOOD →**

【ライン】 勝ちライン
【ポジション】 勝ちポジション
【タイミング】 —
【ポイント】 姿勢は勝ちライン。勝ちポジションで着地。腕振りの手首は腰を通す

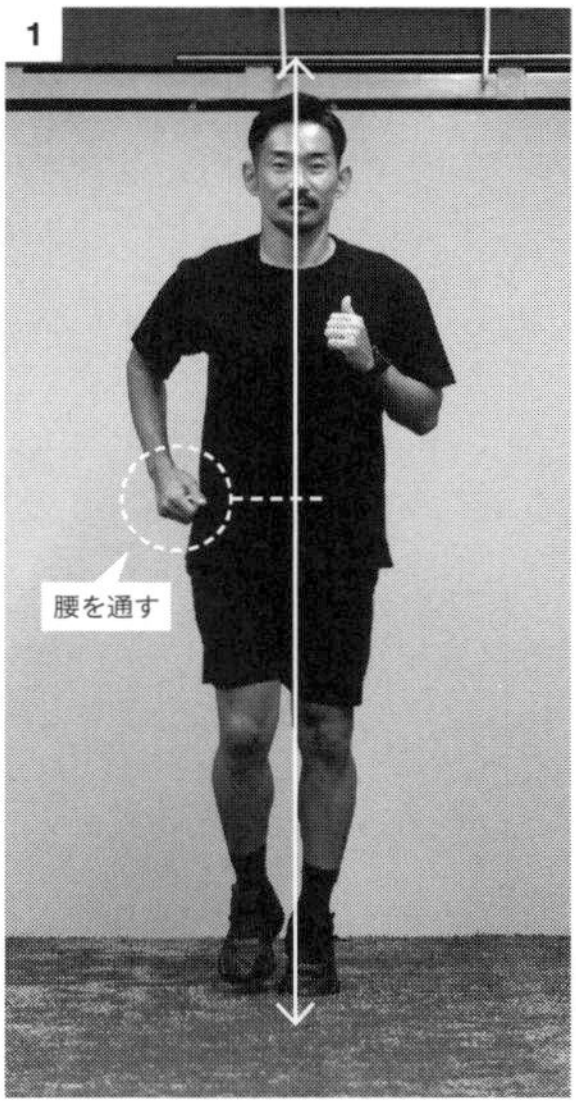

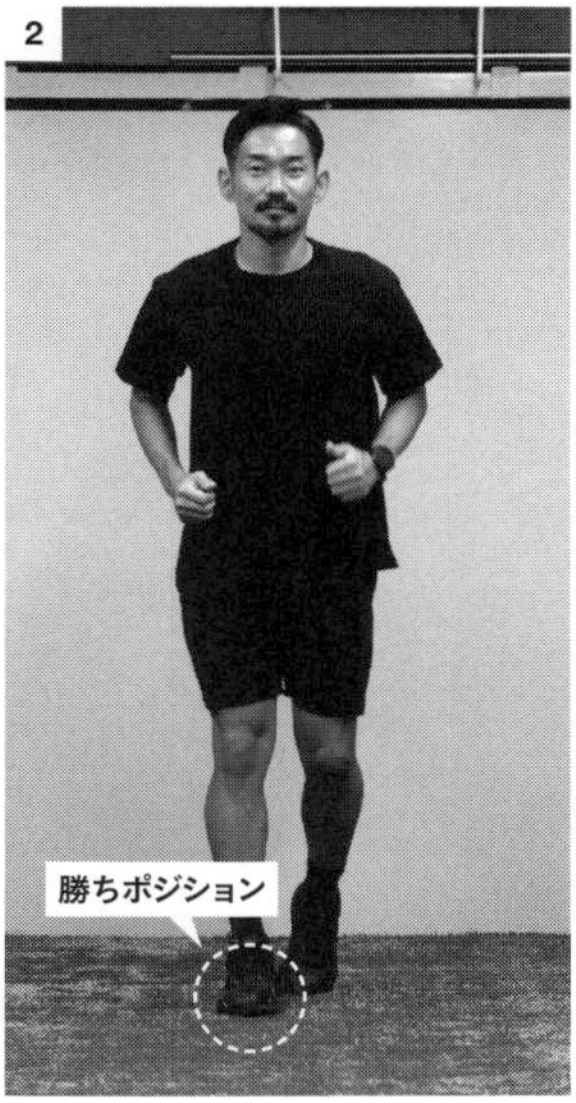

ジョグ スピードアップ（横）

◎ **GOOD →**

【ライン】 勝ちライン
【ポジション】 勝ちポジション
【タイミング】 —
【ポイント】 姿勢は勝ちライン。勝ちポジションで着地。腕振りの手首は腰を通す

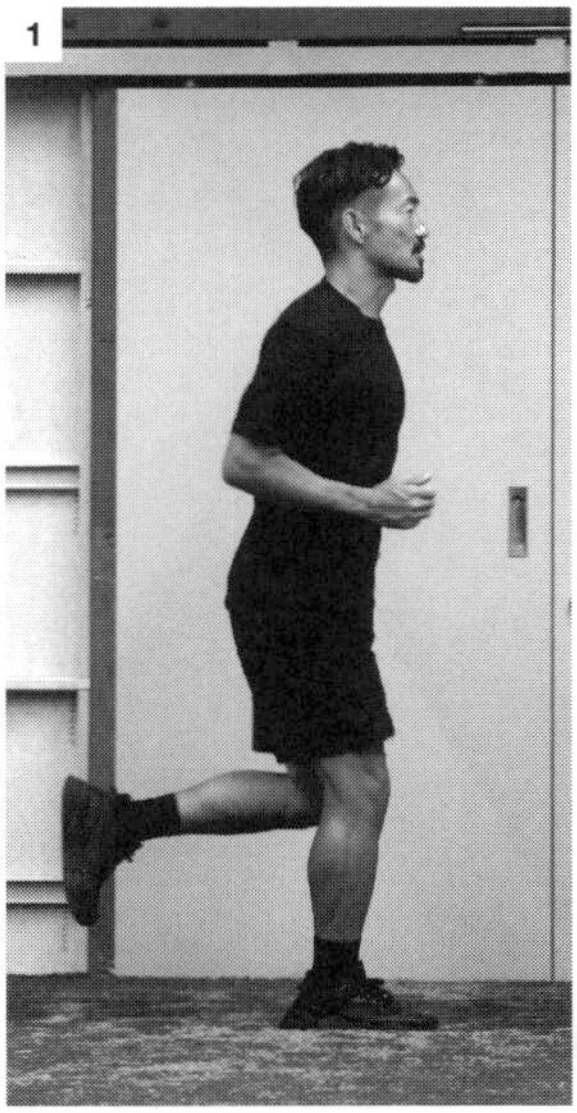

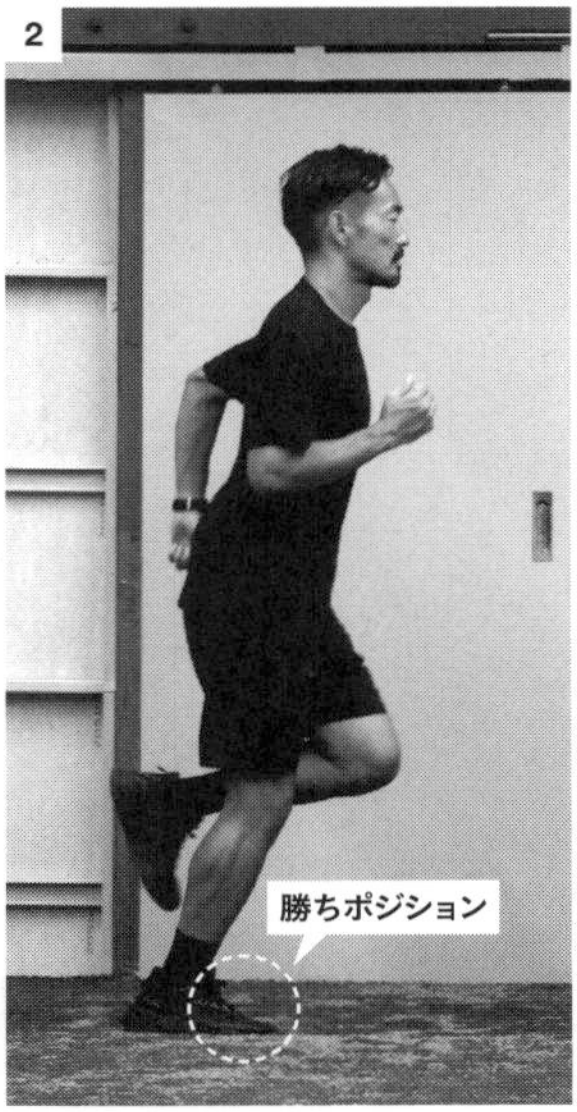

【映像】
ABC腿上げ

【映像】
腿上げ片足

【映像】
アクセル

【映像】
走る

蛇行ジョグ
（正面）

1

2

6

7

◎ GOOD ➡

【ライン】 勝ちライン
【ポジション】 勝ちポジション
【タイミング】 —
【ポイント】 蛇行するときの勝ちラインをよりキープすることを強く意識する。キープすることで全身のラインができる

映像

【映像】
歩く

【映像】
ジョギング

【映像】
ABCの高さと連続

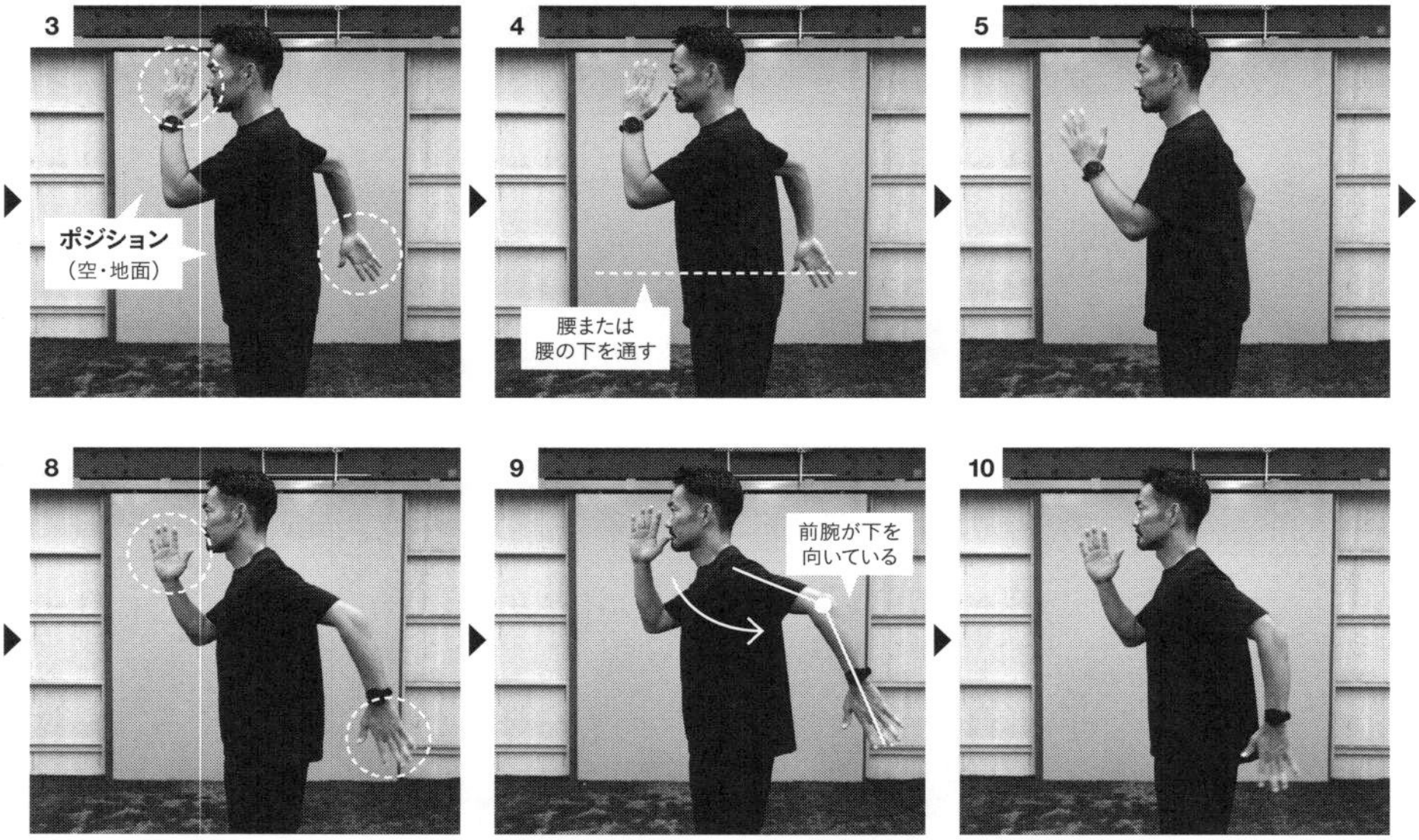
3
ポジション
（空・地面）
4
腰または
腰の下を通す
5
8
9
前腕が下を
向いている
10

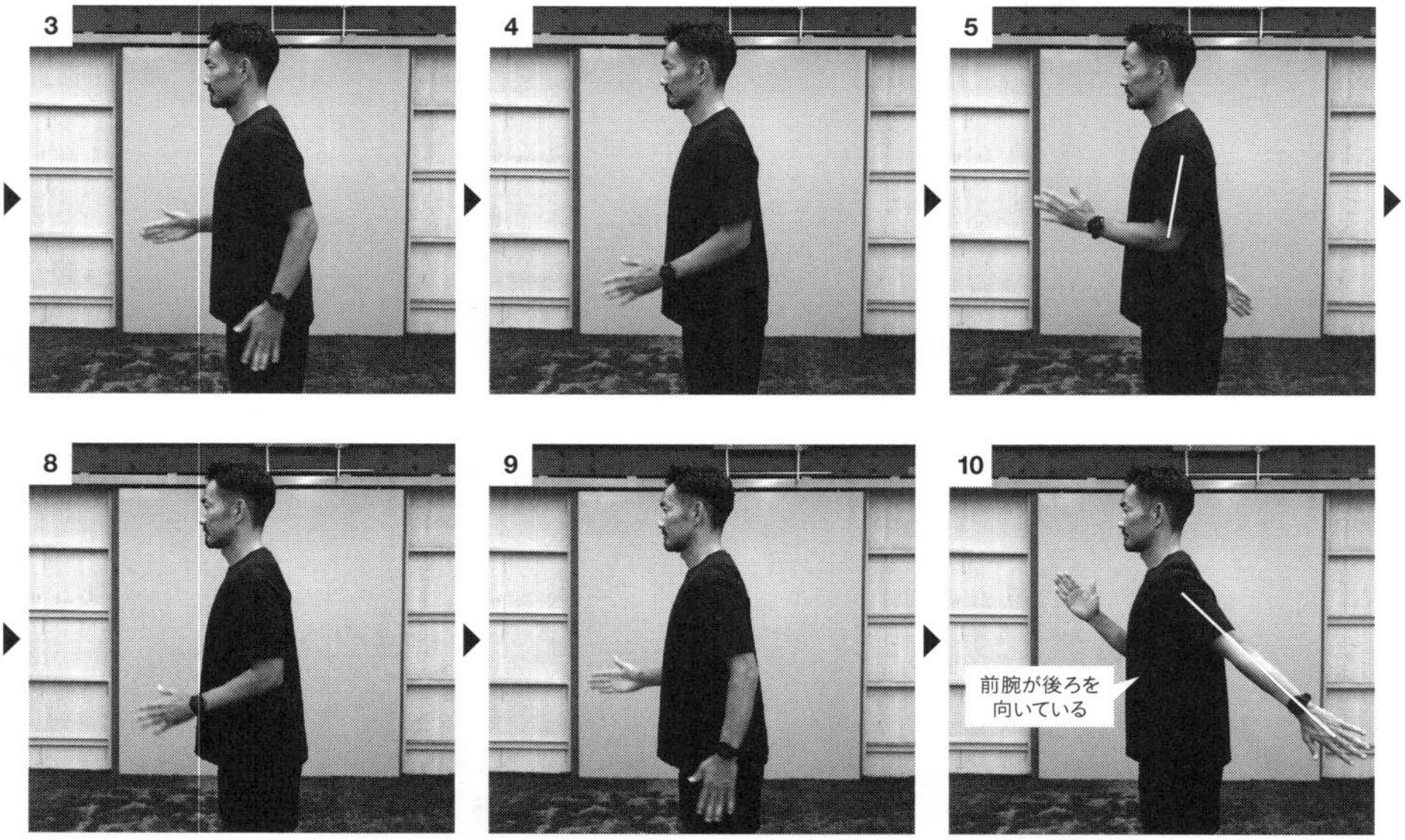
3
4
5
8
9
10
前腕が後ろを
向いている

腕振り（横）

◎ GOOD ➡

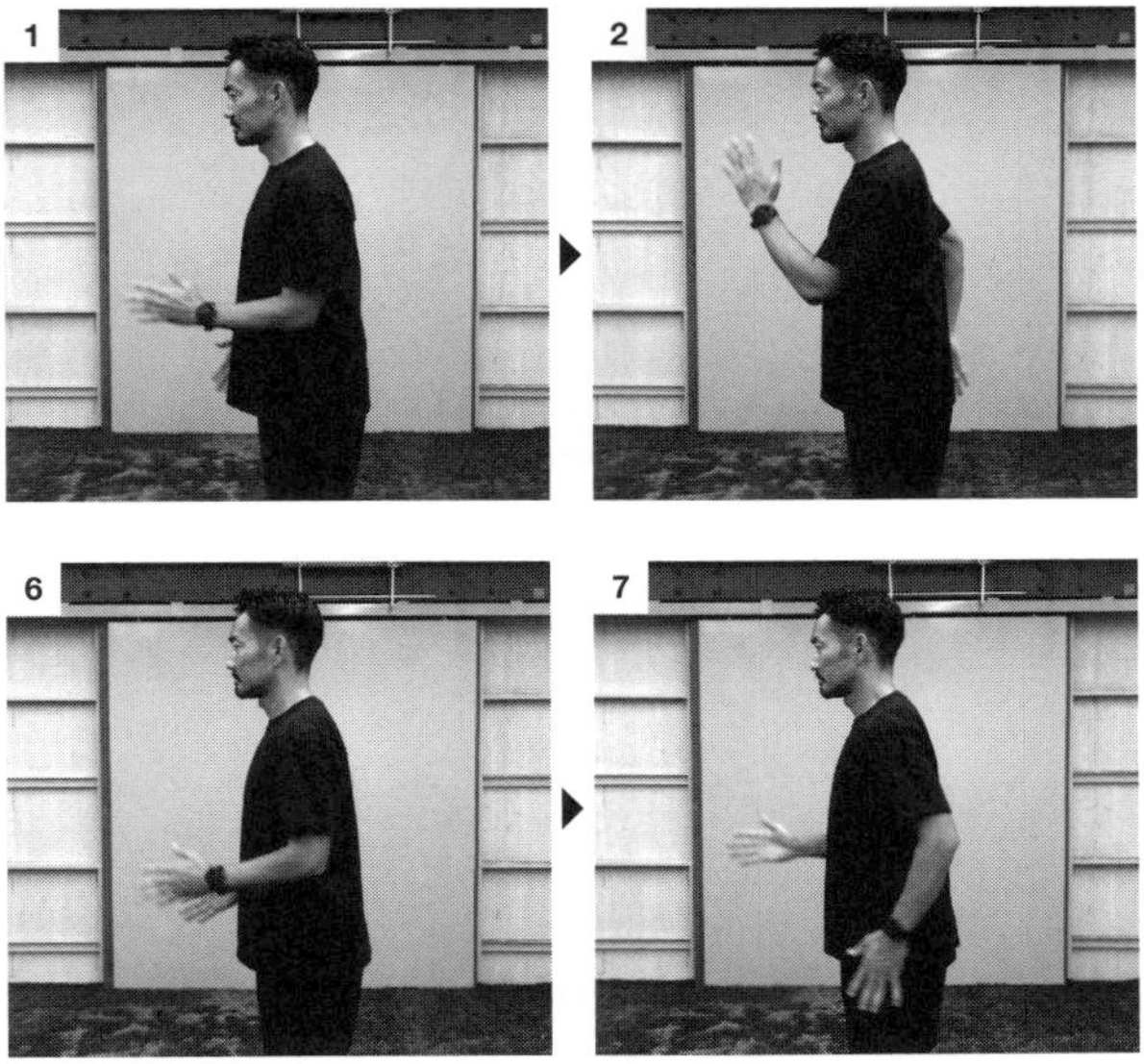

【ライン】勝ちライン
【ポジション】空・地面
【タイミング】―
【ポイント】空・地面のポジションを基本に、前方の腕は身体から離しすぎず、コンパクトに（肘の角度を狭く）、後方の腕は自分の身体よりも後ろの地面を指す。加速中はより大きな力が求められるので、できるだけ遠くの地面を指すように意識をしてみる（加速P159参照）

腕振り（横）

✕ BAD ➡

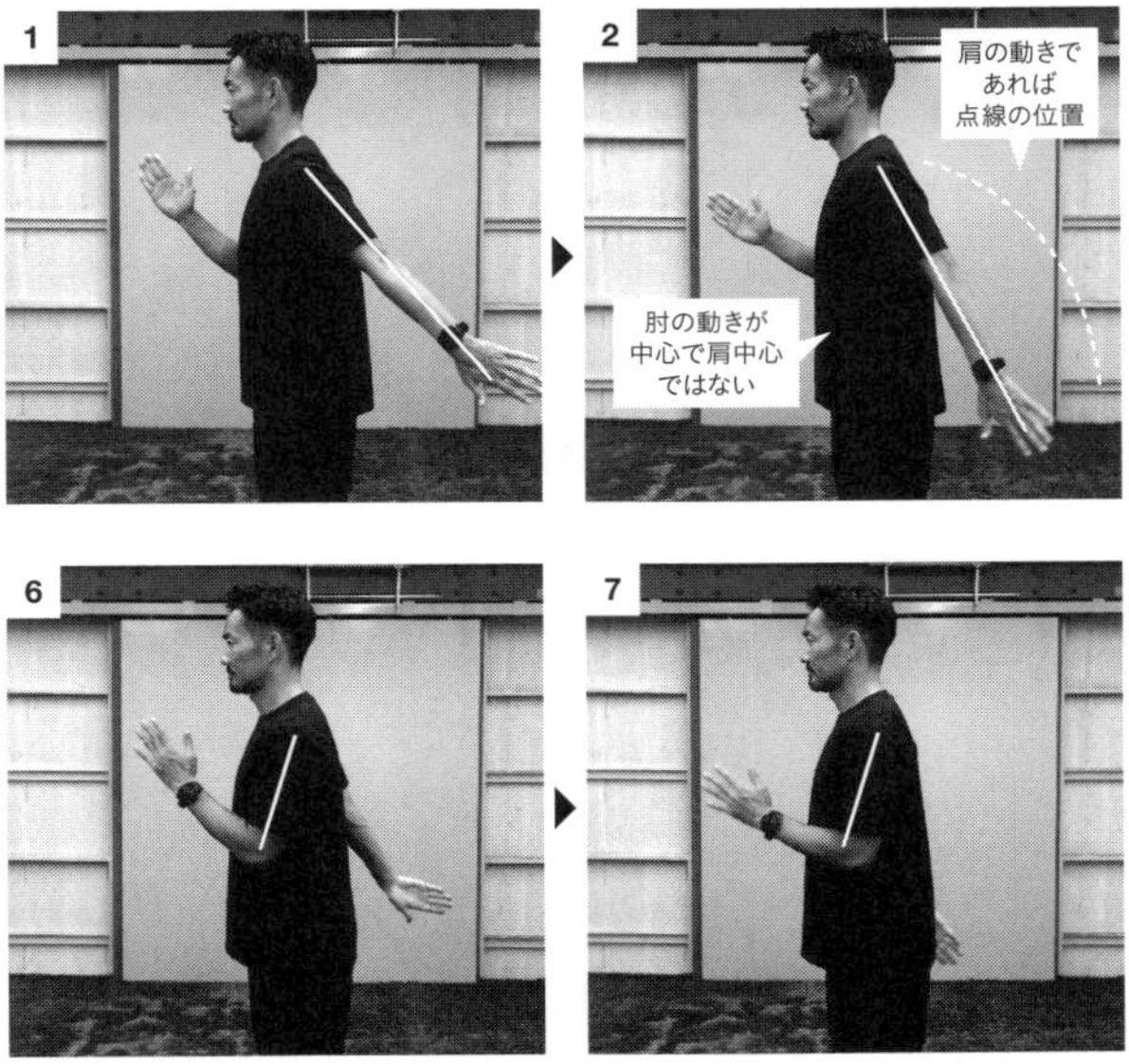

【ライン】負けライン
【ポジション】肘
【タイミング】―
【ポイント】肘から下の動きになり、指先が前・後ろを指してしまっている。これが空・地面になると肩中心の動きになる。「腕振り（横）GOOD」の写真9と比べるとよりわかりやすい

3
ライン
（勝ちライン）
A
4
5

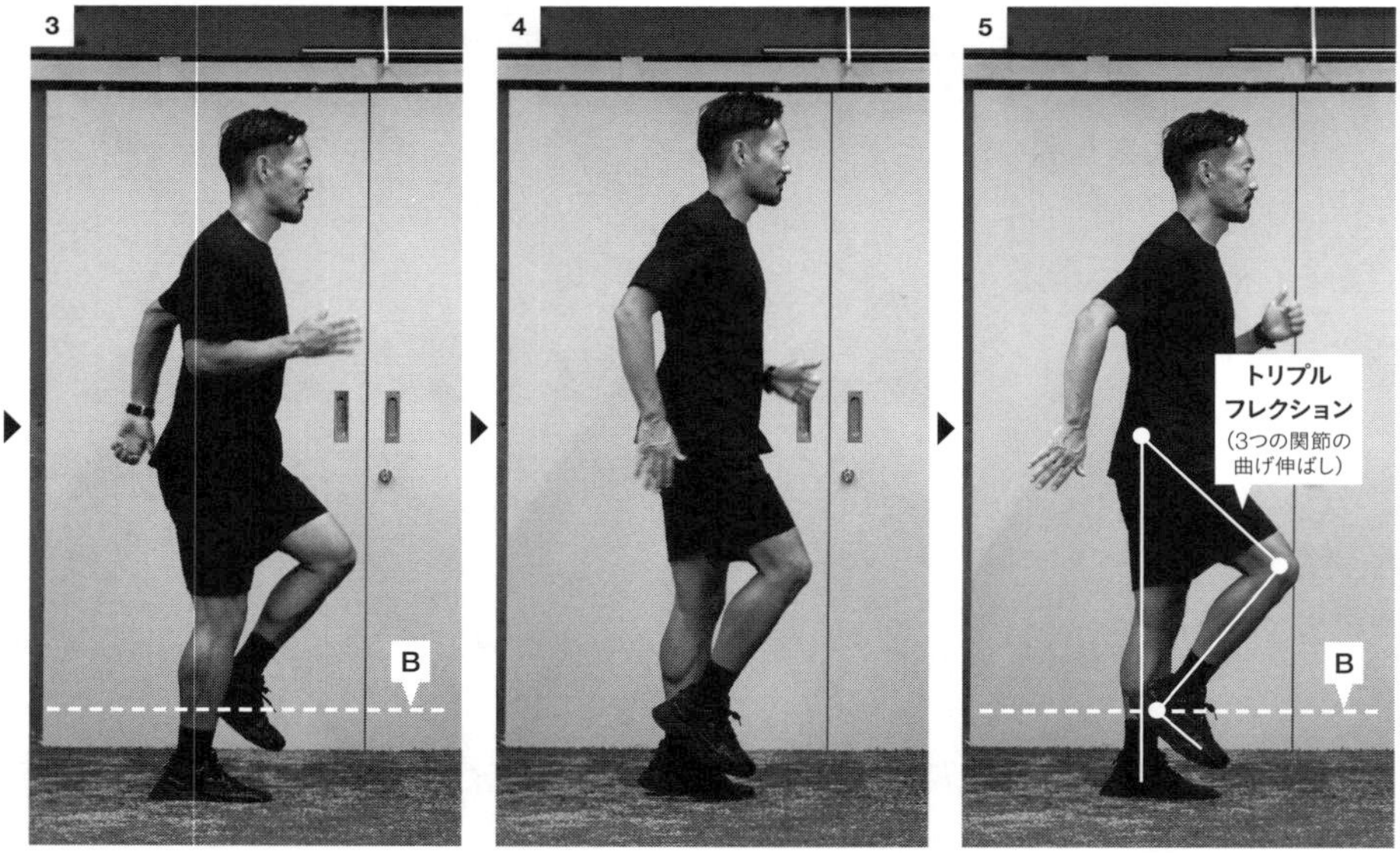
3
B
4
5
トリプル
フレクション
（3つの関節の
曲げ伸ばし）
B

腿上げ A

GOOD➡

【ライン】勝ちライン
【ポジション】勝ちポジション、Aの高さ
【タイミング】支持脚が着地したとき、逆足はAの高さ
【ポイント】着地の瞬間に軸脚が伸展し、逆脚が屈曲する。腕は脚の動きと連動して大きな動きにはならないが、身体の前だけ振るのではなく、身体に対して前後に動かすことを意識。姿勢は勝ちライン

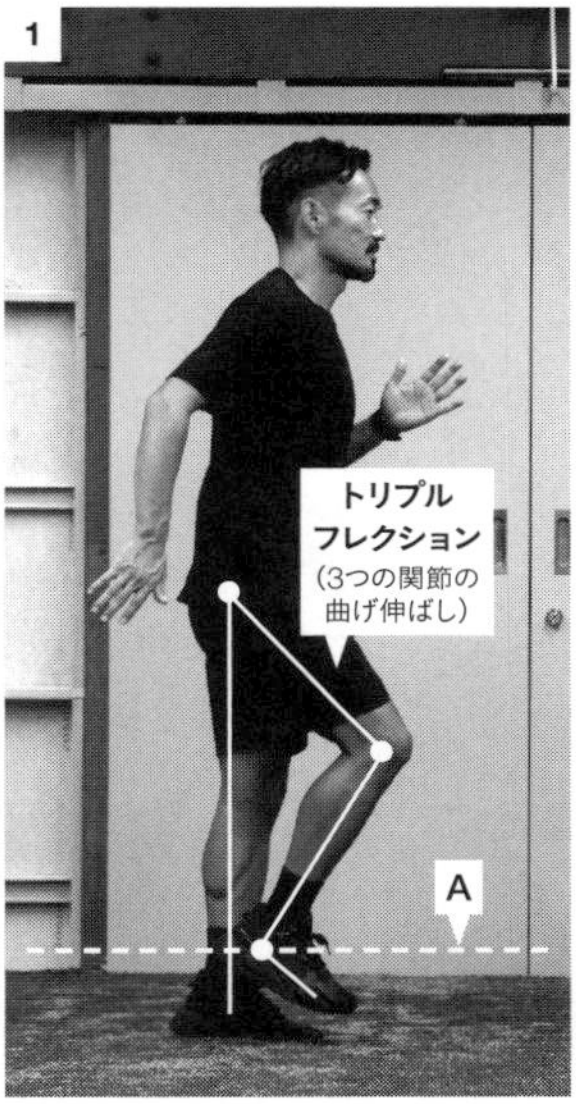

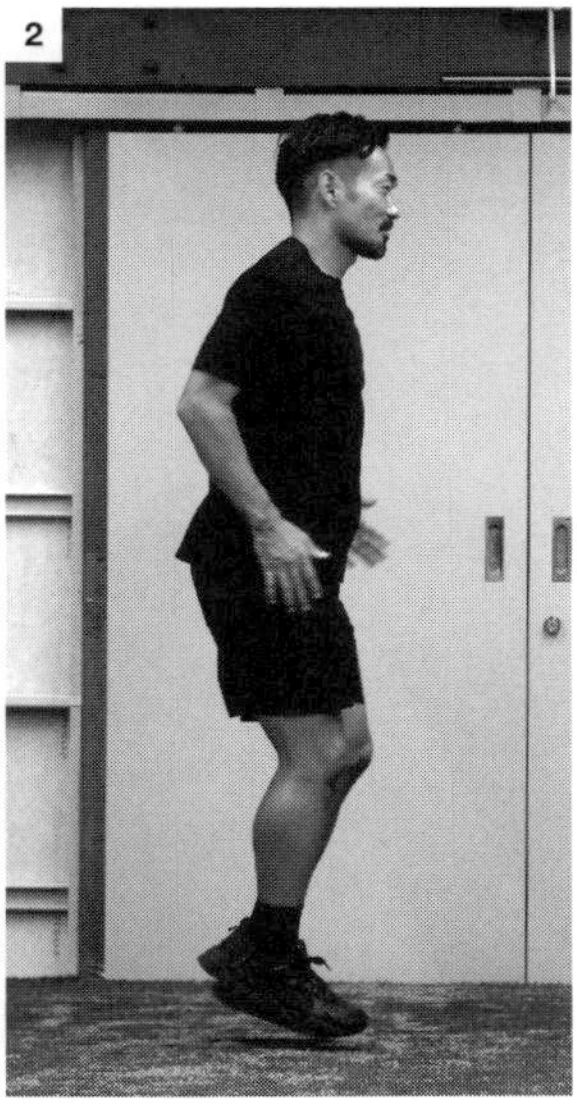

腿上げ B

GOOD➡

【ライン】勝ちライン
【ポジション】勝ちポジション、Bの高さ
【タイミング】支持脚が着地したとき、逆足はBの高ささ
【ポイント】着地の瞬間に軸脚が伸展し、逆脚が屈曲する。腕は脚の動きと連動して大きな動きにはならないが、身体の前だけ振るのではなく、身体に対して前後に動かすことを意識。姿勢は勝ちライン

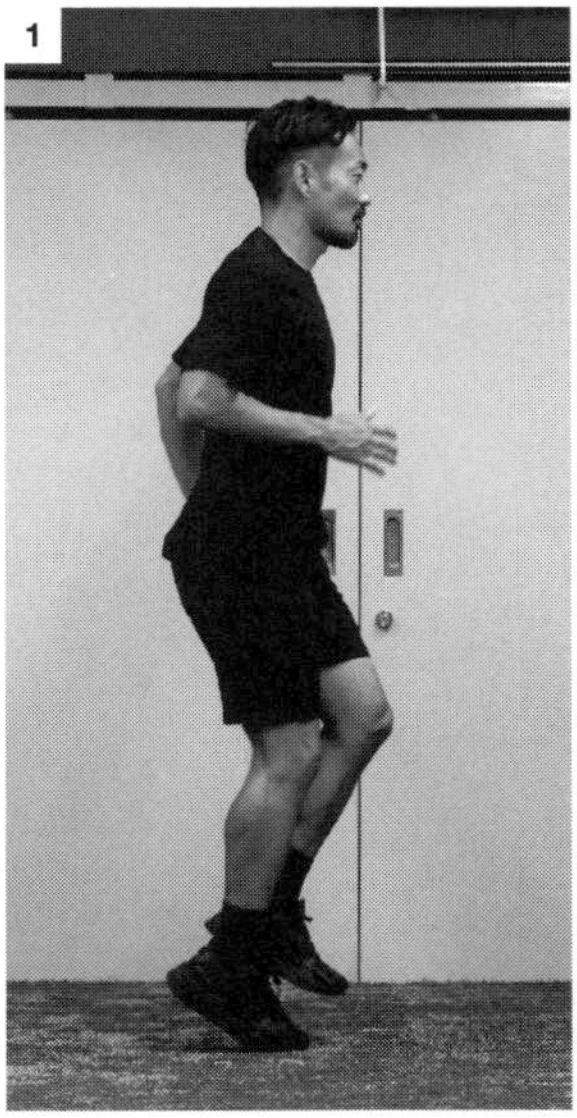

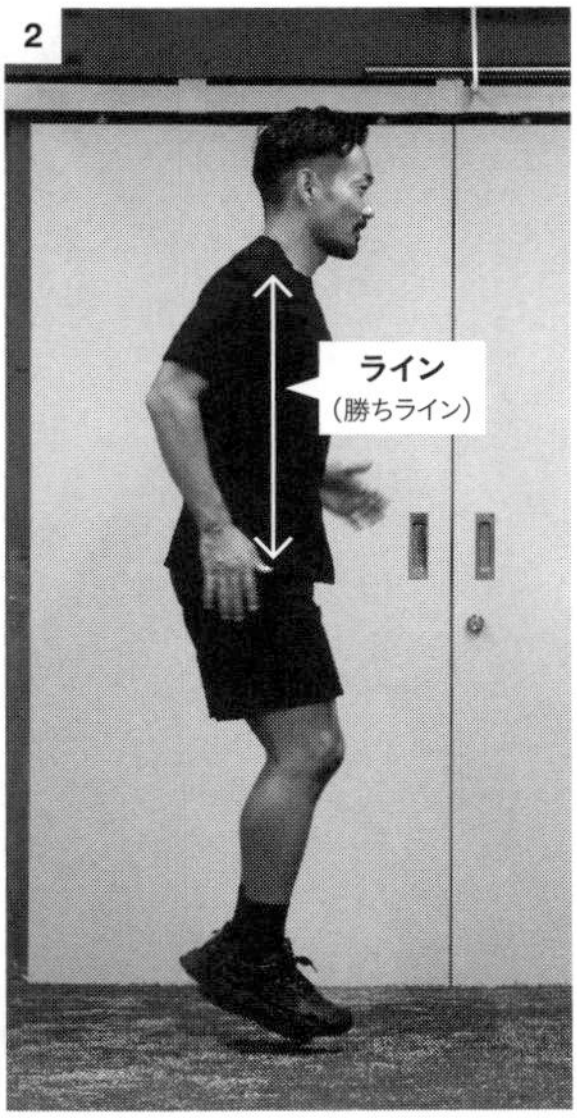

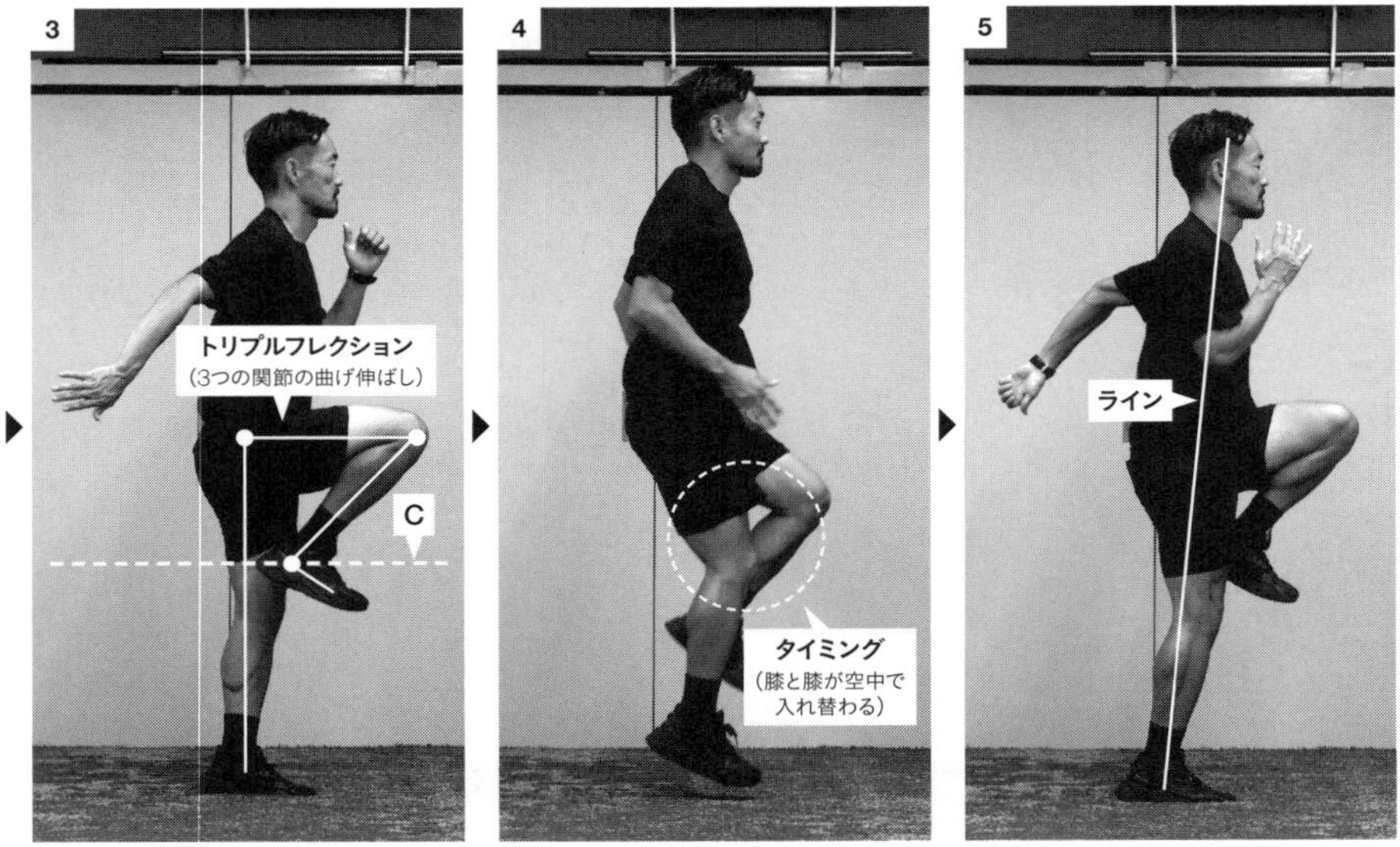
3
トリプルフレクション
（3つの関節の曲げ伸ばし）
C
4
タイミング
（膝と膝が空中で
入れ替わる）
5
ライン

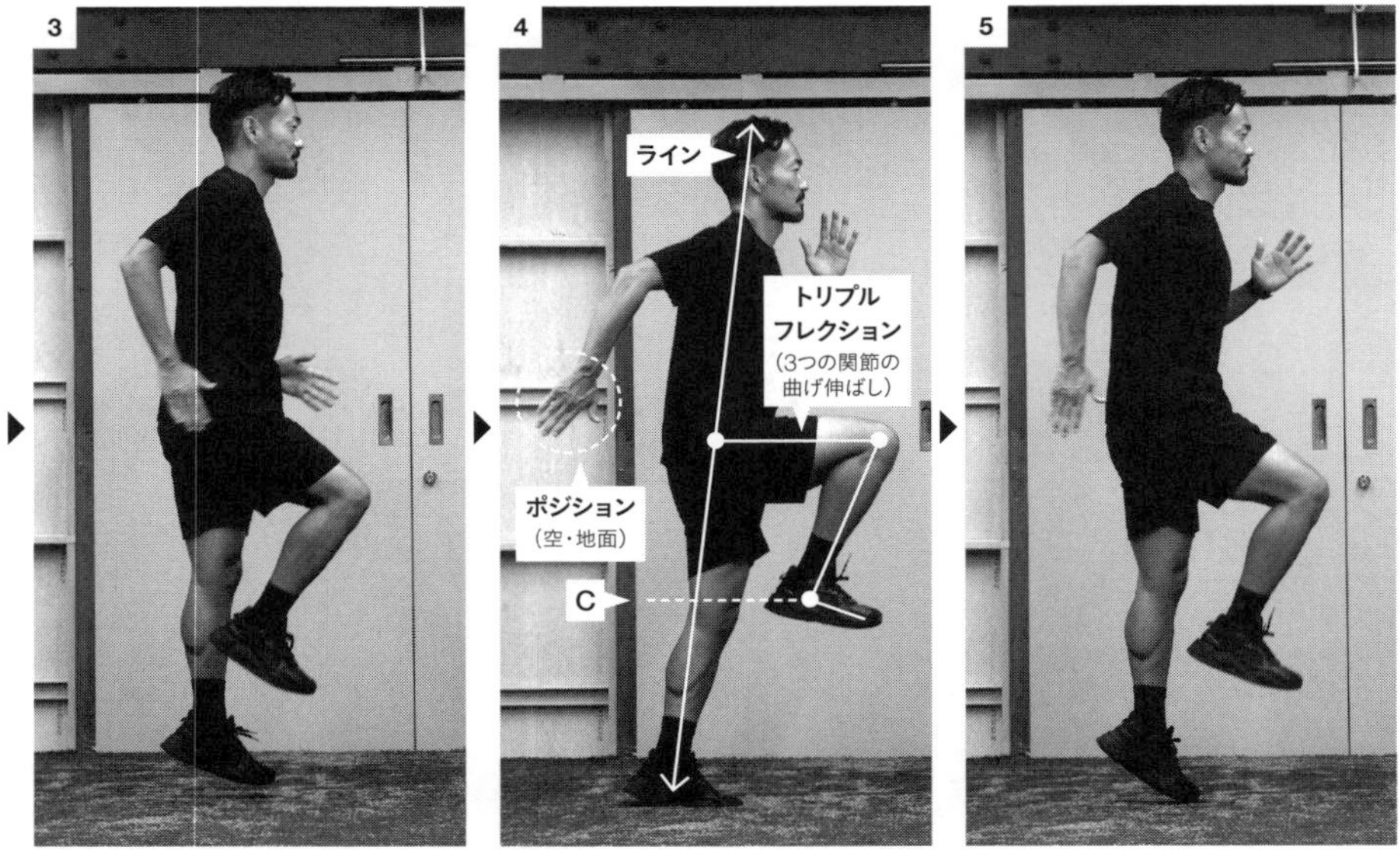
3
4
ライン
トリプル
フレクション
（3つの関節の
曲げ伸ばし）
ポジション
（空・地面）
C
5

腿上げ C

◎ **GOOD ➡**

【ライン】 勝ちライン
【ポジション】 勝ちポジション、空・地面。Cの高さ
【タイミング】 着地、Cの高さ、腕振りが空・地面。この3つのタイミングを合わせる。空中で膝と膝が入れ替わる

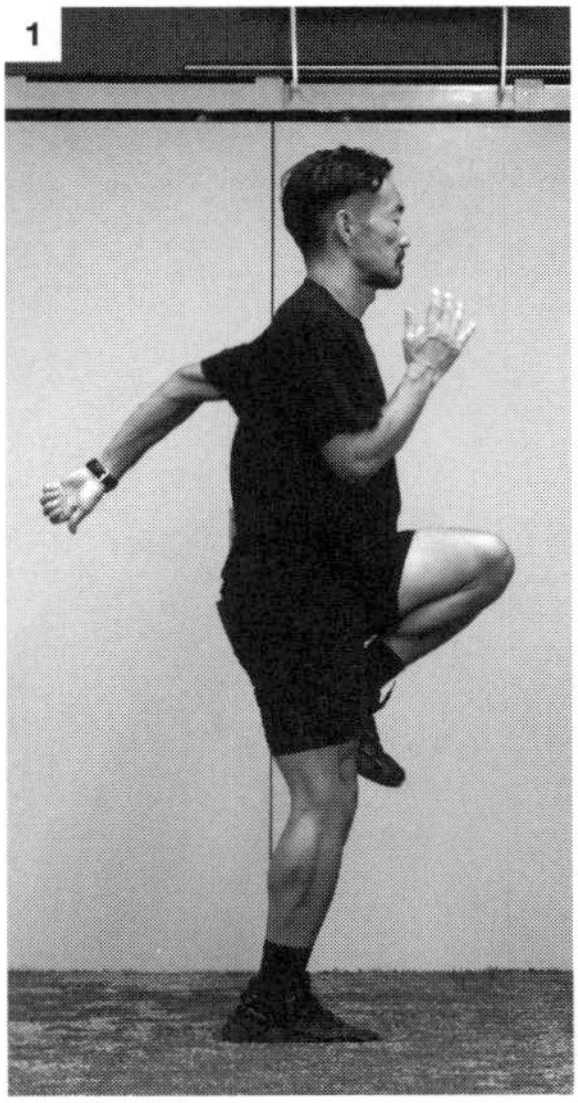

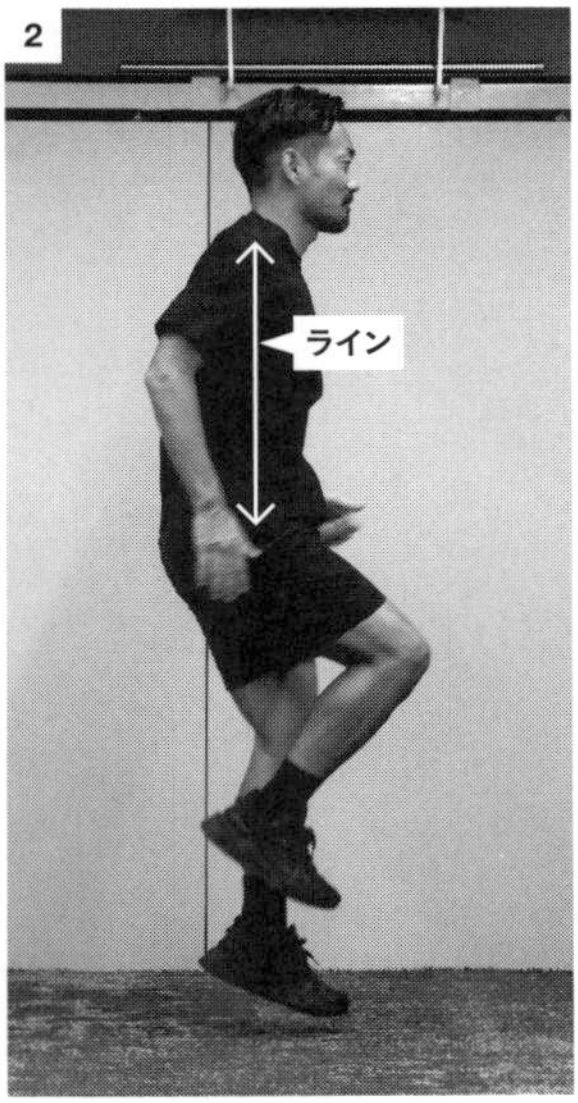

片脚Cステップ（横）

◎ **GOOD ➡**

【ライン】 勝ちライン
【ポジション】 勝ちポジション、Cの高さ
【タイミング】 着地、Cの高さ、腕振りが空・地面。この3つのタイミングを合わせる
【ポイント】 タイミングが合っていれば着地の瞬間に頭から足まで一直線のラインができる

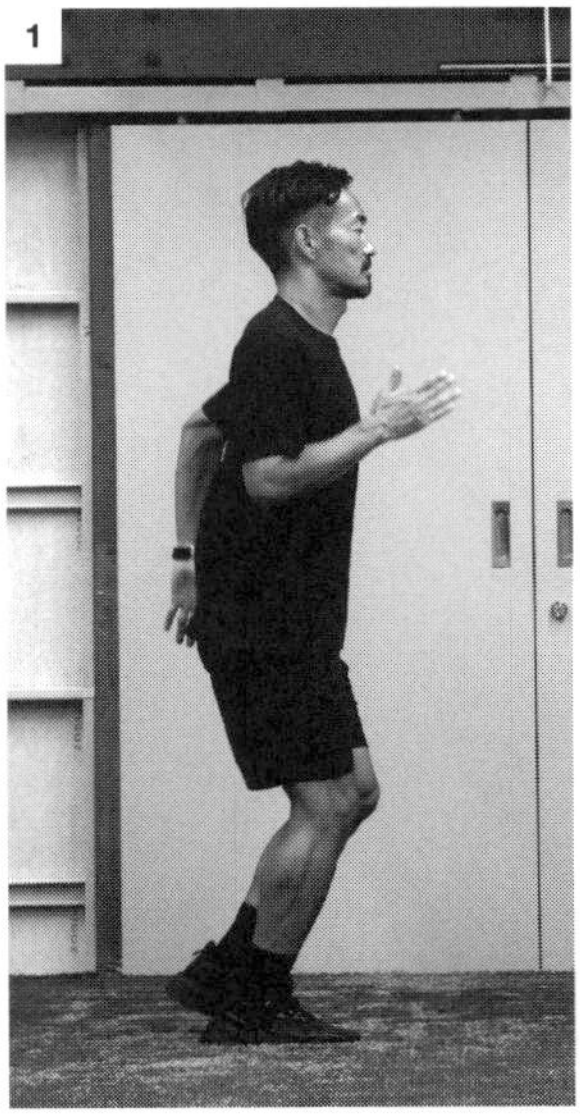

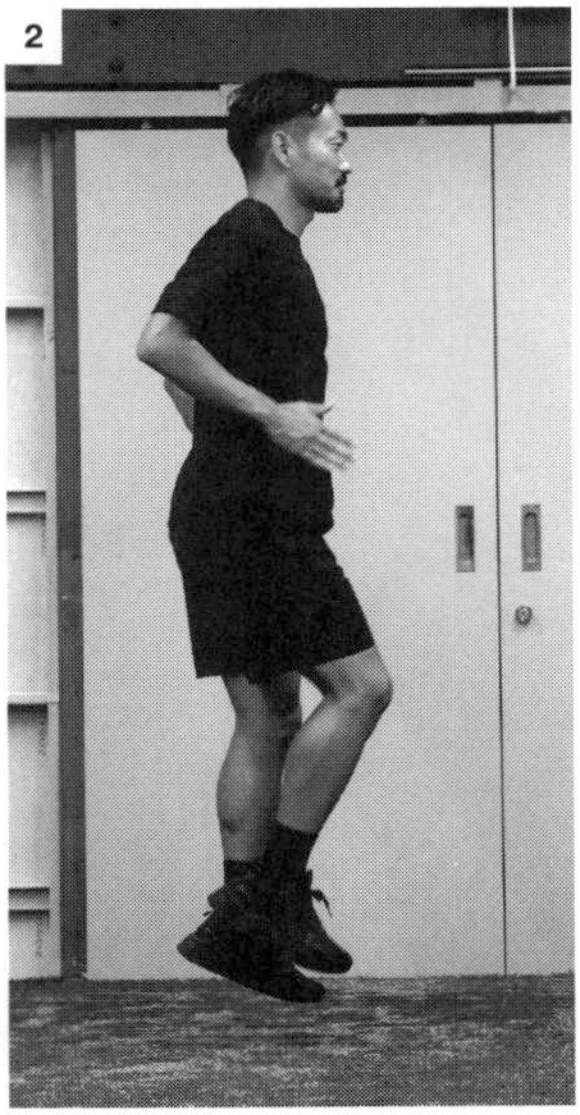

3
4
5
トリプルフレクション
（股関節ー膝ー足首）

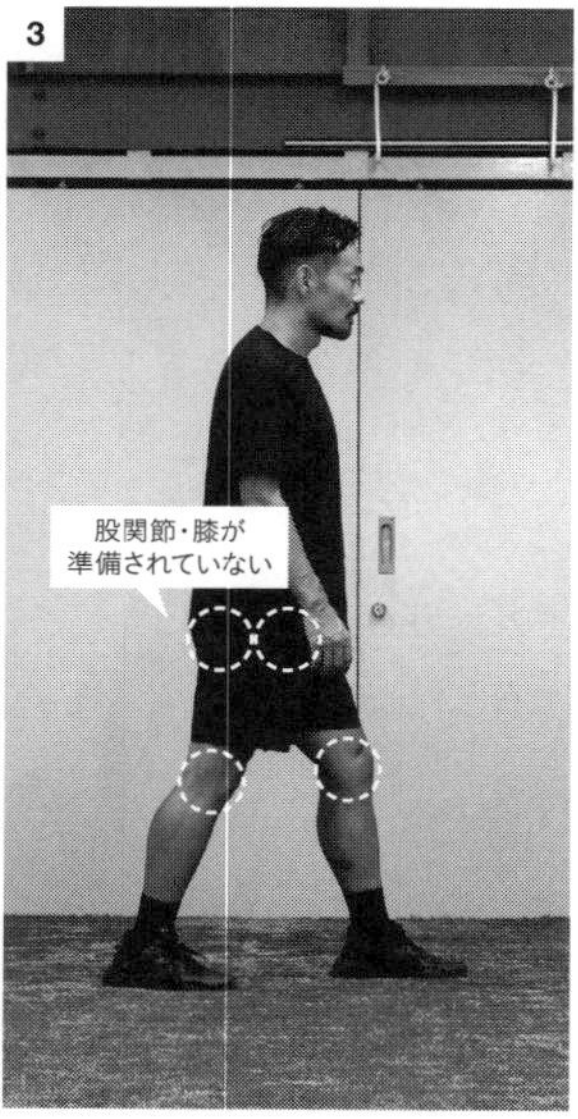
3
股関節・膝が
準備されていない

加速姿勢（横）

◎ **GOOD➡**

【ライン】 勝ちライン
【ポジション】 勝ちポジション、トリプルフレクション、ガオ
【タイミング】 ―
【ポイント】 急加速する際に腕が初動となるため、腕を顔の前に構える（ガオ）。3つの関節が曲がっていないと動き出せないのでトリプルフレクションを意識する

加速姿勢（横）

✕ **BAD➡**

【ライン】 負けライン
【ポジション】 負けポジション
【タイミング】 ―
【ポイント】 急加速する際に腕が初動となるため、腕を構えるコマが必要になり、その分遅れてしまう

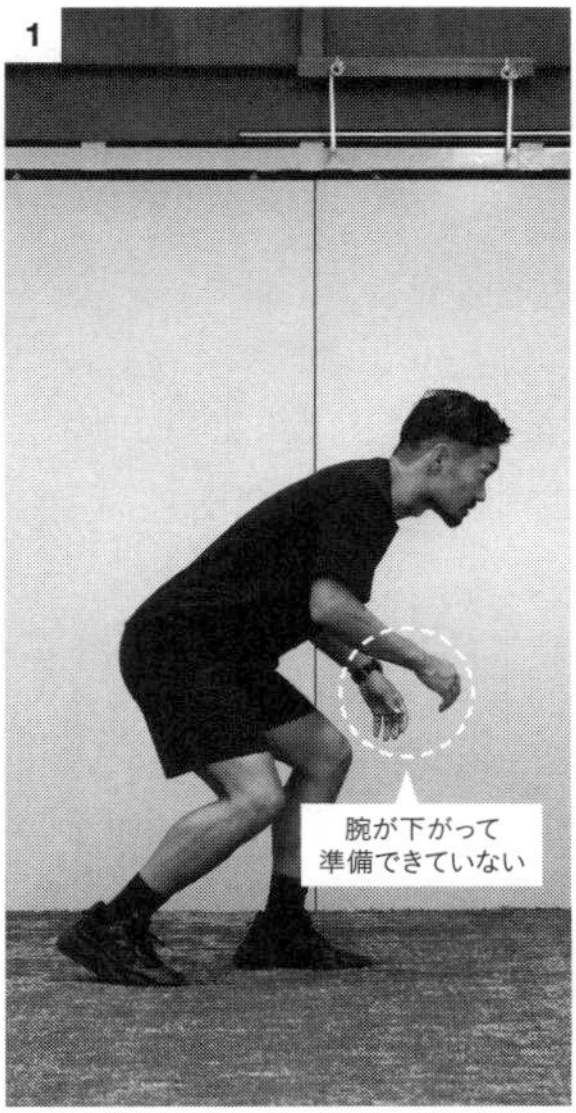

加速姿勢 両足揃い(横)

✕ BAD ➡

【ライン】 負けライン
【ポジション】 負けポジション
【タイミング】 ―
【ポイント】 トリプルフレクションまたは勝ちポジションになっていないと、それをするコマが必要になり、その分遅れてしまう

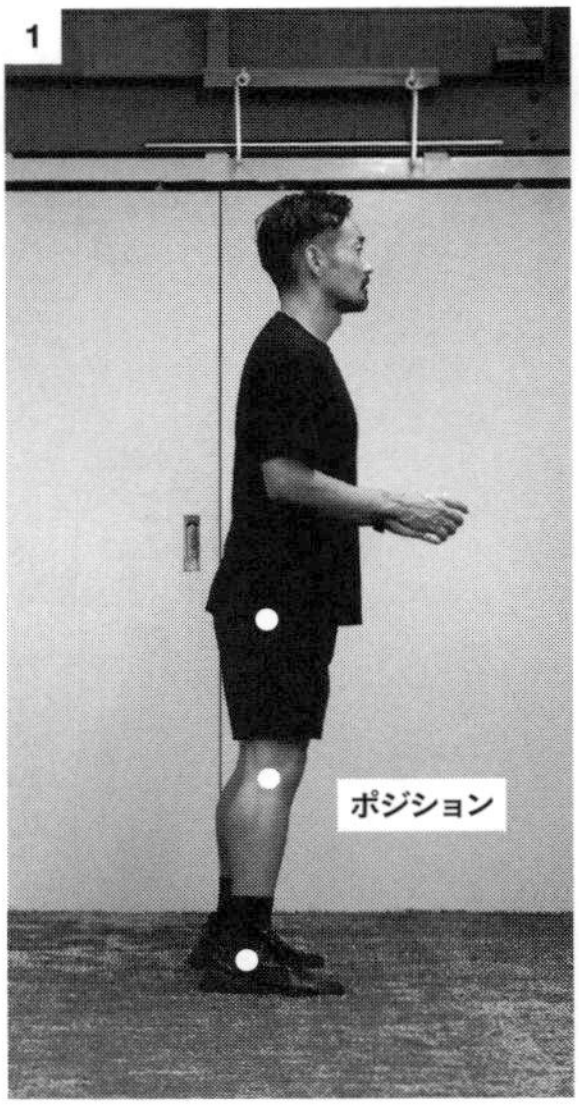

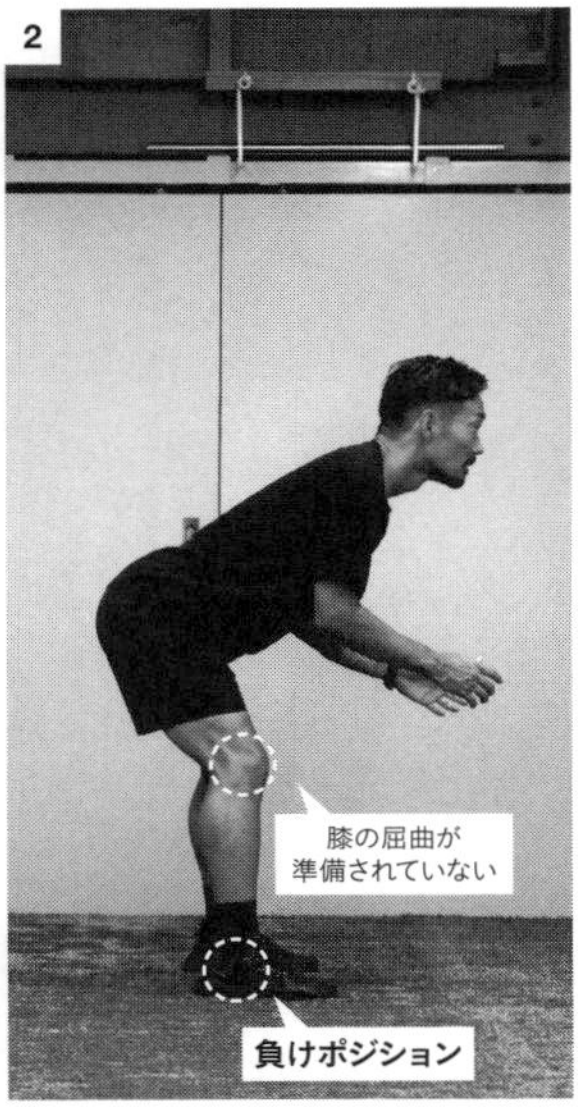

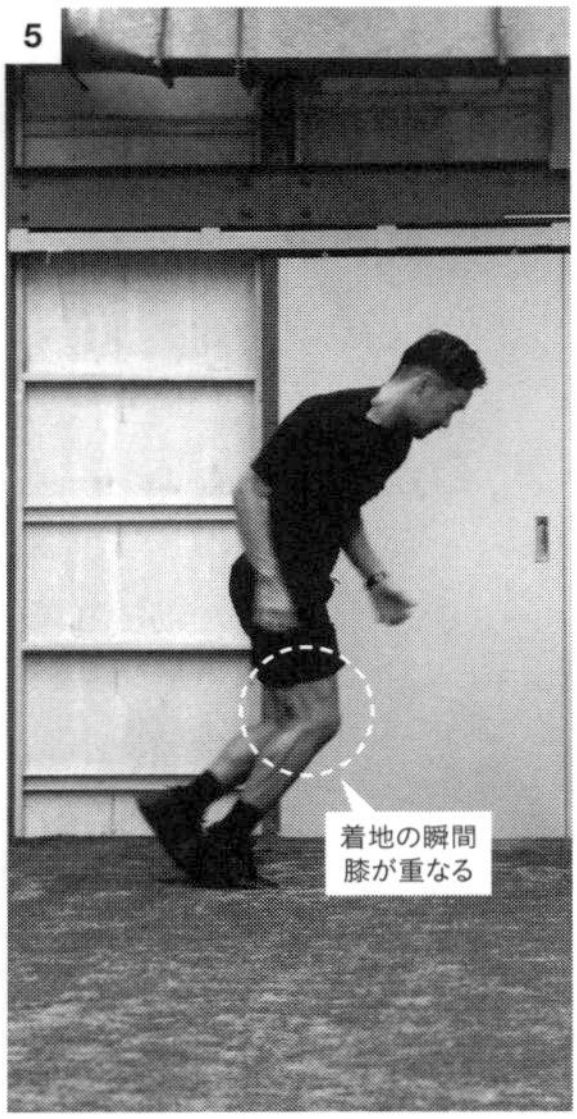

加速姿勢 両足揃い（横）

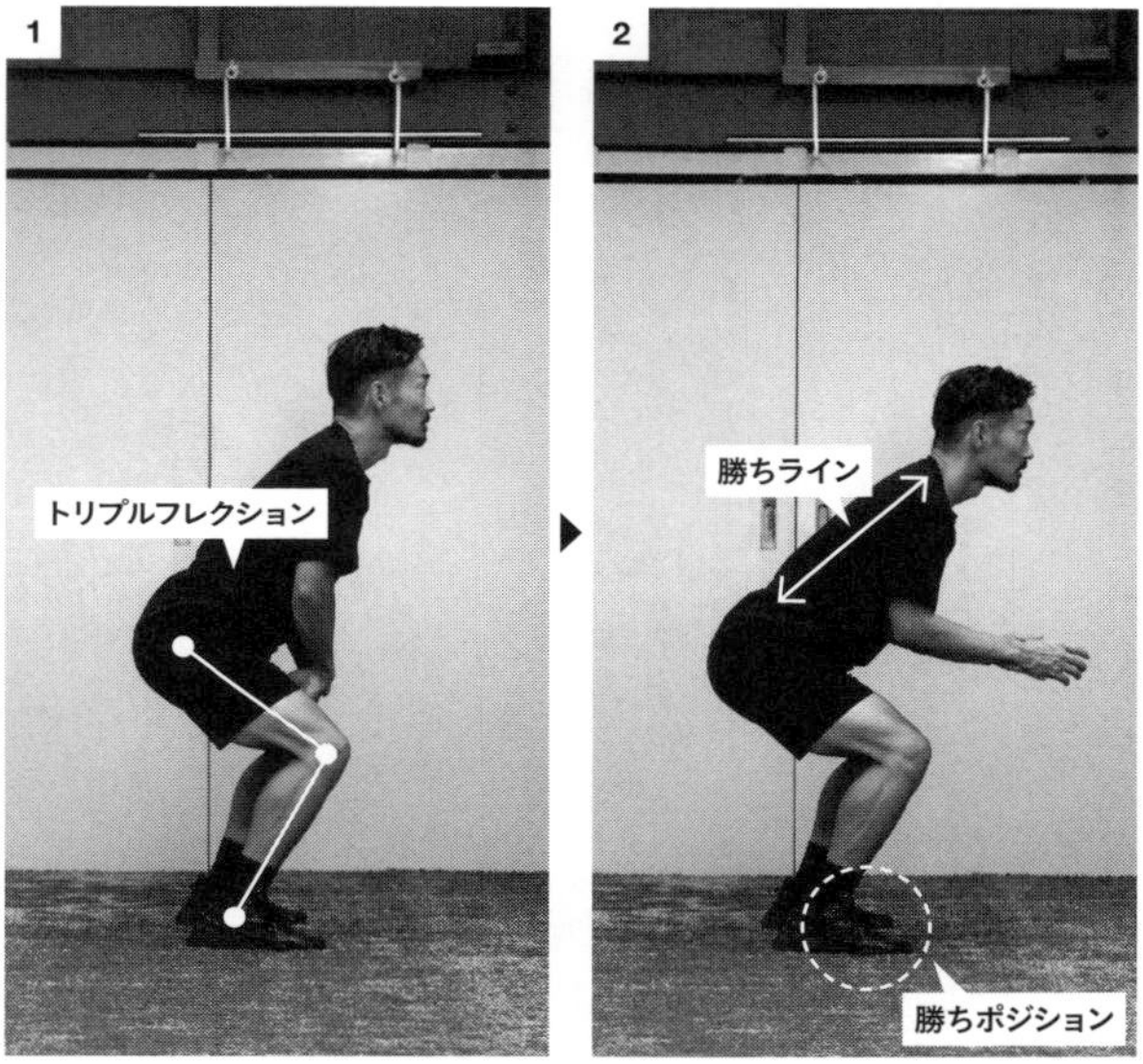

GOOD→

【ライン】勝ちライン
【ポジション】勝ちポジション、トリプルフレクション、ガオ
【タイミング】—
【ポイント】陸上競技と違って球技では両脚が揃った状態で動き出さないといけないシーンがあるため、動き出しに備えてトリプルフレクションを意識する

加速（横）

GOOD→

【ライン】勝ちライン
【ポジション】勝ちポジション、トリプルフレクション、ガオ、Cの高さ
【タイミング】腕を掻き出すタイミングが最初。それを起点にCを通す
【ポイント】水を後ろに掻き出すように腕を使うこと。1回ではなく3回、4回と繰り返すとスムーズな加速ができる

3
4
5
勝ちポジションになるまで
ステップバックしてしまう
勝ちポジション

3
4
5
手を準備するまでに
ステップバックしてしまう

加速（横）

✕ BAD① ➡

【ライン】負けライン
【ポジション】負けポジション
【タイミング】―
【ポイント】前脚が負けポジションになるとトリプルフレクションしづらくなり、トリプルフレクションするためのコマが必要になる。その結果遅れてしまう

1

2

加速（横）

✕ BAD② ➡

【ライン】負けライン
【ポジション】負けポジション
【タイミング】―
【ポイント】腕が初動となるので、その腕を準備していないと、腕を準備するためのコマが必要になりその結果遅れてしまう

1

2

3
4
5
ポジション
（空・地面）
トリプルフレクション
（股関節・膝・足首）
ポジション
（C）
ポジション
（C）

3
4
5

両足揃い加速（横）

◎ GOOD ➡

【ライン】勝ちライン
【ポジション】勝ちポジション、トリプルフレクション、腕振り空・地面
【タイミング】―
【ポイント】球技などでは、しっかりと止まって構えるシーンがないことが多いので、急加速に備え、トリプルフレクションしておくことで加速に備えられる。加速を開始したら、姿勢などのラインや脚を通す位置や腕振りのポジションを確認

両足揃い加速（横）

✕ BAD ➡

【ライン】負けライン
【ポジション】負けポジション
【タイミング】―
【ポイント】負けポジションになるとトリプルフレクションしづらくなり、トリプルフレクションするためのコマが必要になる。その結果遅れてしまう

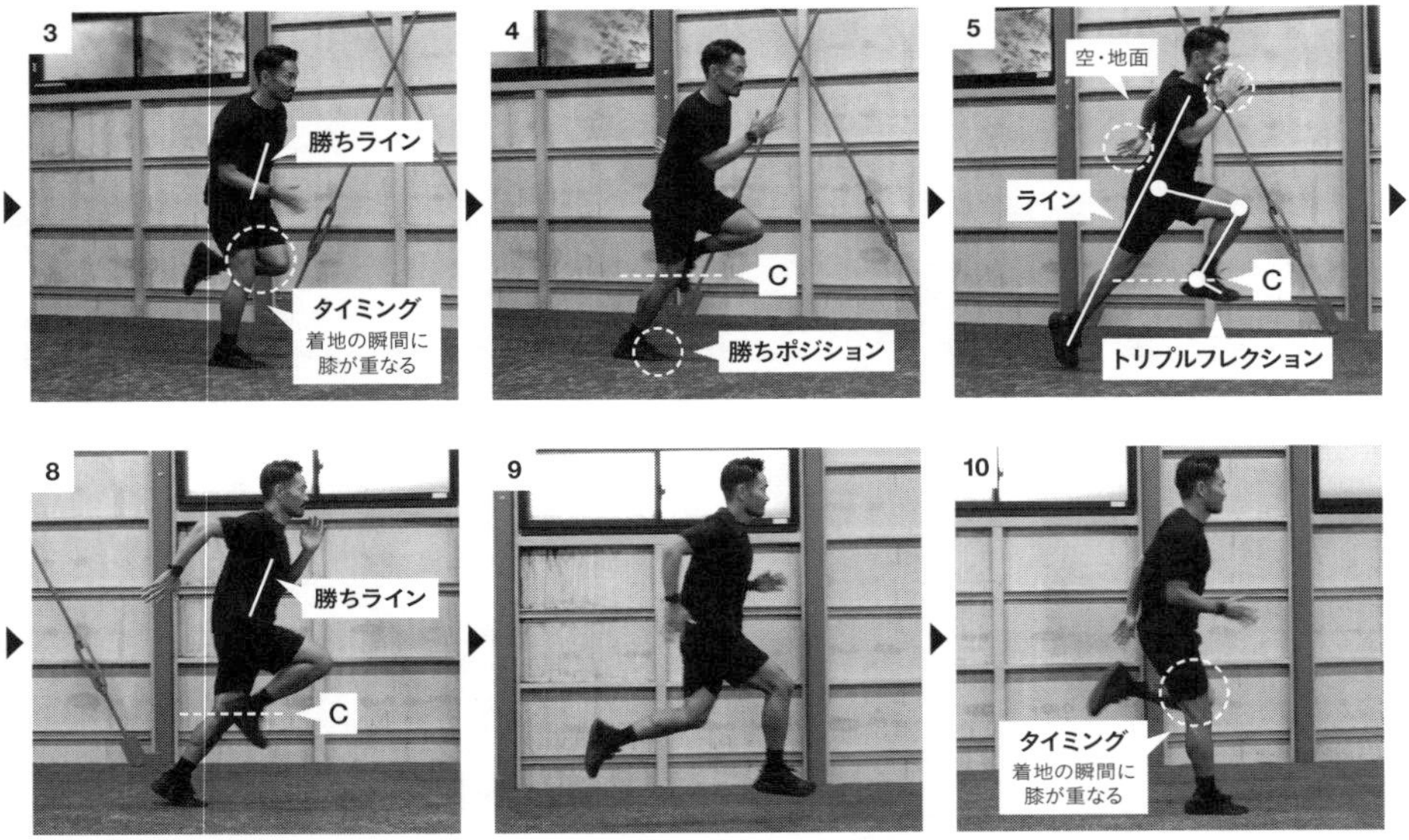

【映像】
Aステップ複合①②

【映像】
止まる

【映像】
曲がる

【映像】
フォールディング

走る（横）

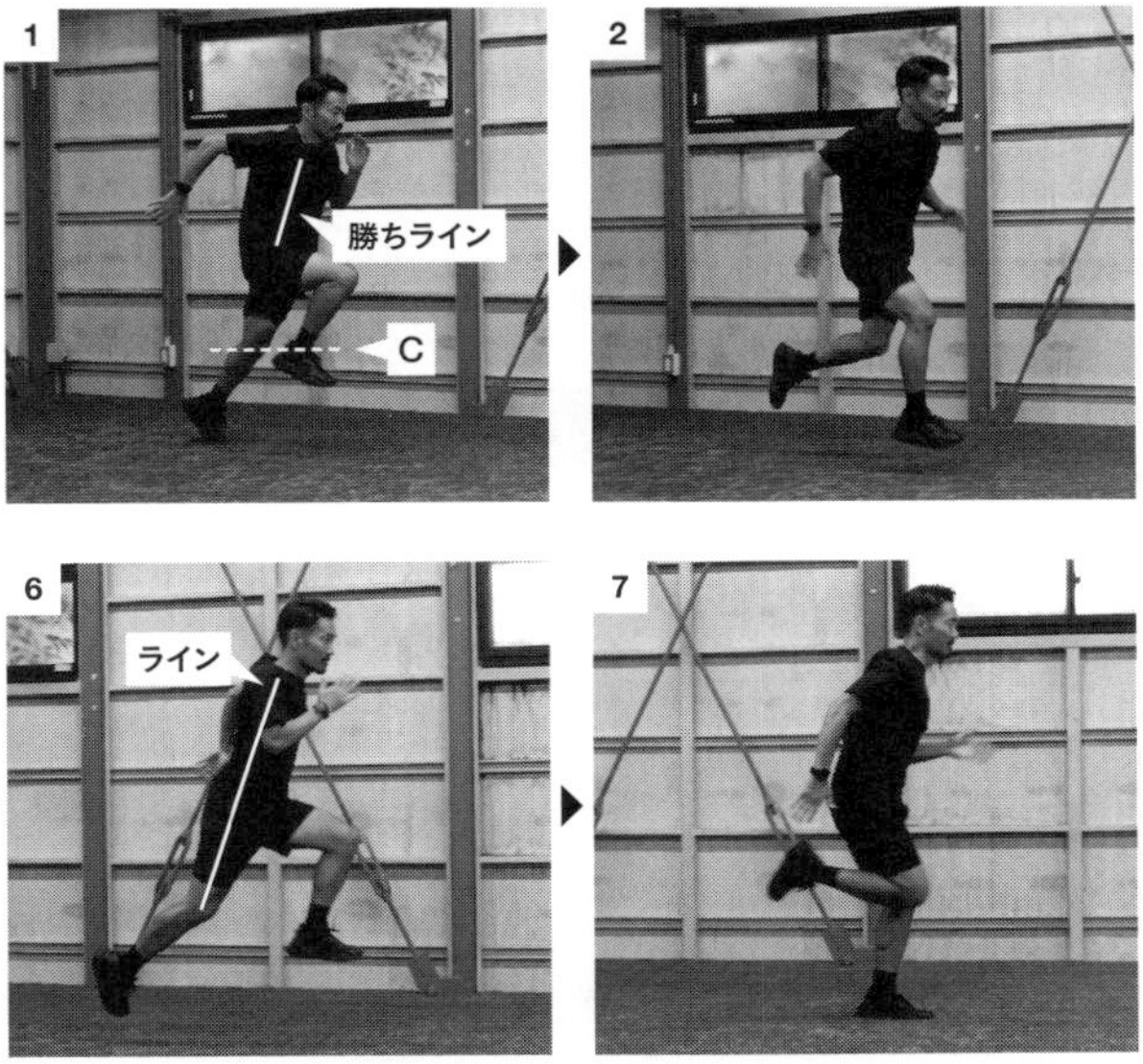

GOOD ➡

【ライン】 勝ちライン
【ポジション】 勝ちポジション、Cの高さ、空・地面
【タイミング】 着地の直前に膝と膝が重なる、または入れ替わる。着地したあと勝ちポジションから体重移動が始まるときに逆脚がCを通り、腕振りは空・地面になる
【ポイント】 速度を上げる際には腕振りの速度を意識すること。歩幅が大きくなり過ぎてしまうと減速に繋がるので、まずは腕振りの大きさと速さを意識する

映像

【映像】
Aステップ 1･2 & Aステップ1連続

【映像】
クロスオーバーからシャッフル①②③

【映像】
サイドステップ

3
勝ちライン
4
勝ちポジション
5
足と頭の
関係性
勝ちポジション

3
4
5
ポジション
(足よりも頭が後ろ)

止まる（横）

◎GOOD➡

【ライン】勝ちライン
【ポジション】勝ちポジション、Aの高さ
【タイミング】—
【ポイント】勝ちポジションで減速し、足よりも頭が前にある状態にする。減速するときは足の歩隔（横幅）を確保する

止まる（横）

✕BAD➡

【ライン】負けライン
【ポジション】負けポジション
【タイミング】—
【ポイント】減速中は負けポジション。停止した際も足の裏は負けポジションで足よりも頭が後ろにある

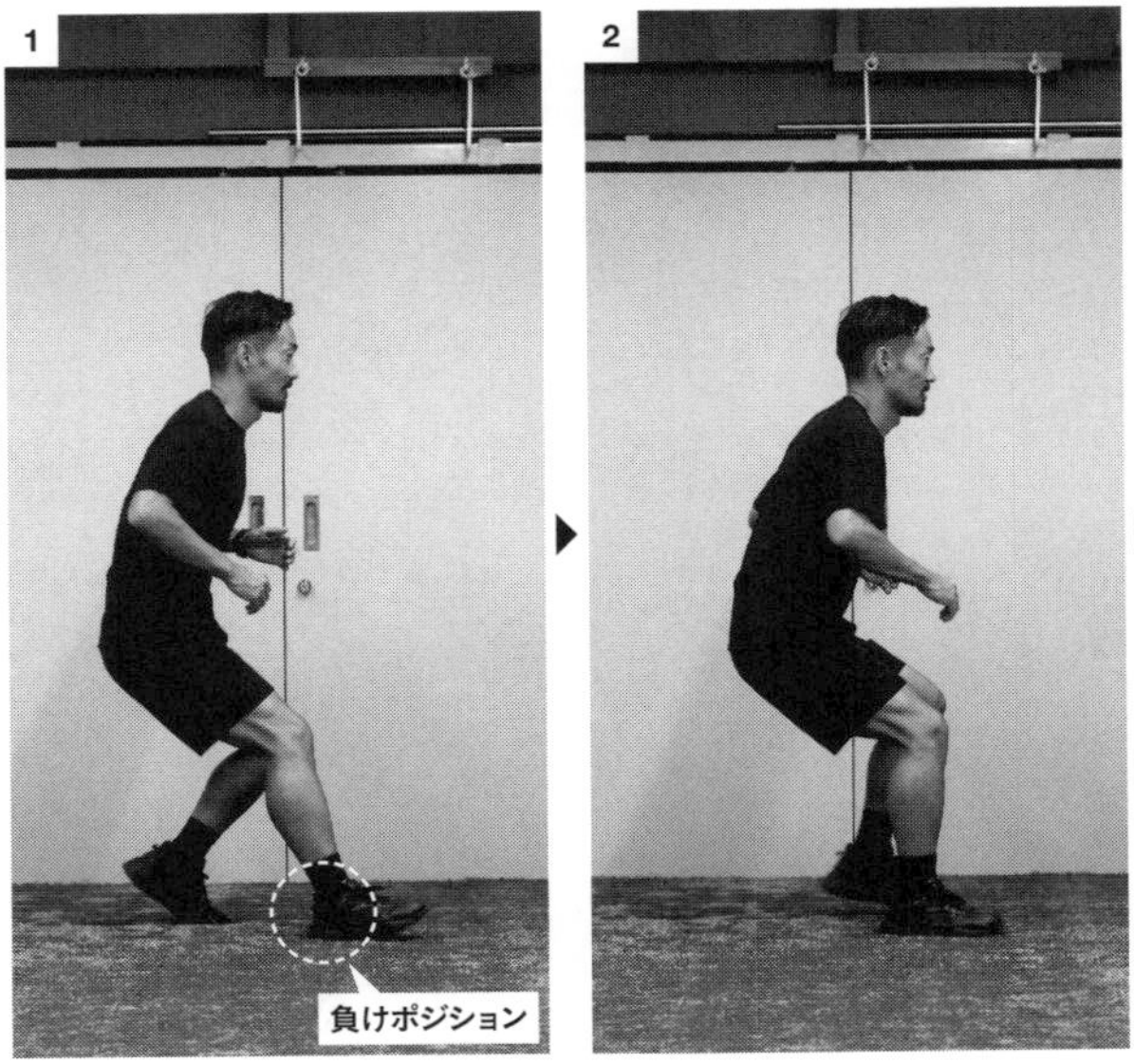

3
4
ポジション
内エッジ
5
8
勝ちポジ
内エッジ
9
勝ちポジ
内エッジ
10
勝ちポジ
内エッジ

3
外エッジ
4
5
8
9
10

サイドステップ（横）

◎GOOD➡

【ライン】勝ちライン
【ポジション】勝ちポジション（内エッジ）
【タイミング】—
【ポイント】ライン・ポジションに加え、足の裏の内側が地面と触れている意識をもつこと（バッドイメージで言うと外側に過度に荷重しすぎないこと）。また、足よりも頭が前にある関係性を意識するとスムーズな移動が可能

サイドステップ（横）

✕BAD➡

【ライン】負けライン
【ポジション】負けポジション（外エッジ）
【タイミング】—
【ポイント】サイドステップの場合、負けポジションや足よりも頭が後ろにいきやすいので、関係性を意識しながら、勝ちポジション、足と頭の関係性。足の裏の内側が地面と触れている意識をもつこと（バッドイメージで言うと外側に過度に荷重しすぎないこと）

3
ライン
A
勝ちポジション
4
勝ちポジション
5

3
4
5

曲がる Aステップ（横）

◎ GOOD ➡

【ライン】勝ちライン
【ポジション】勝ちポジション、Aの高さ
【タイミング】着地とAの高さ
【ポイント】行きたいほうと逆の足を動かす。Bの高さまで上げてしまうと遅れてしまう。勝ちポジションでステップすると身体の移動方向にラインができる

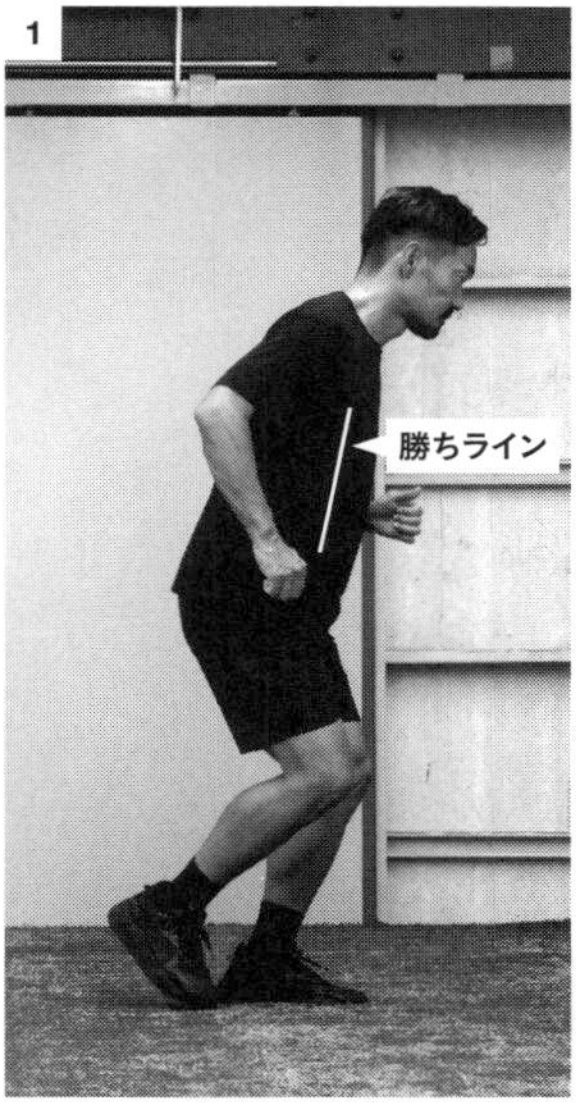

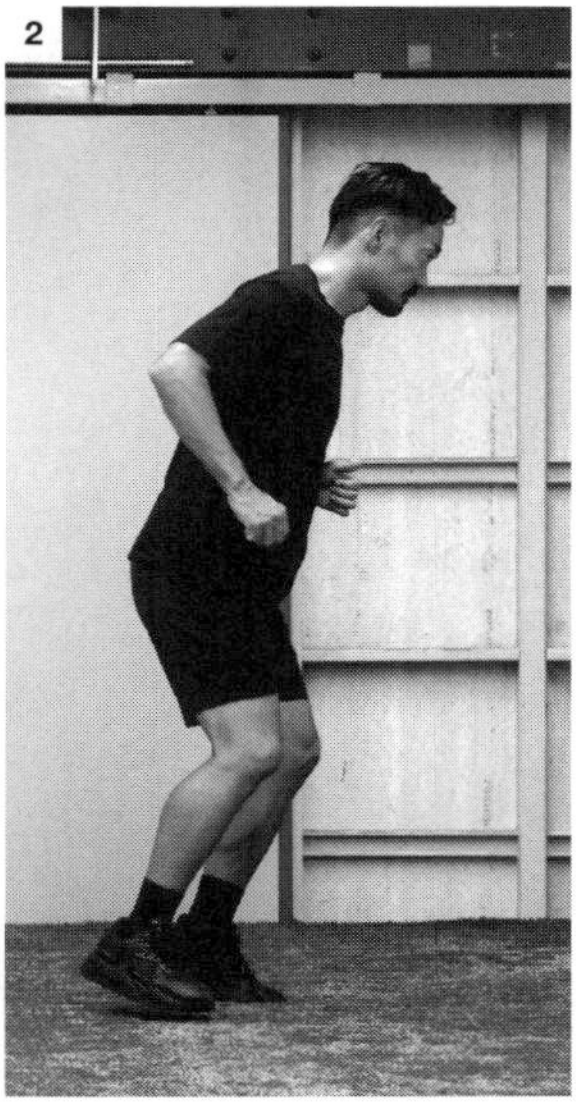

曲がる Aステップ（横）

✕ BAD ➡

【ライン】負けライン
【ポジション】負けポジション
【タイミング】—
【ポイント】身体の前に負けポジションで着地してしまうとブレーキになってしまう。膝が潰れやすくなってしまい怪我の原因になる

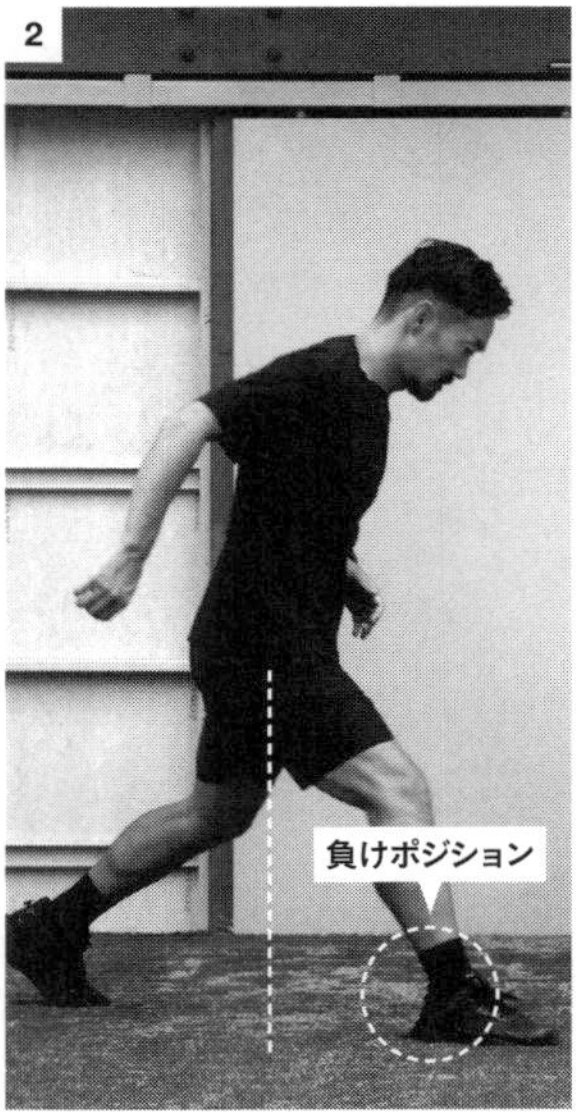

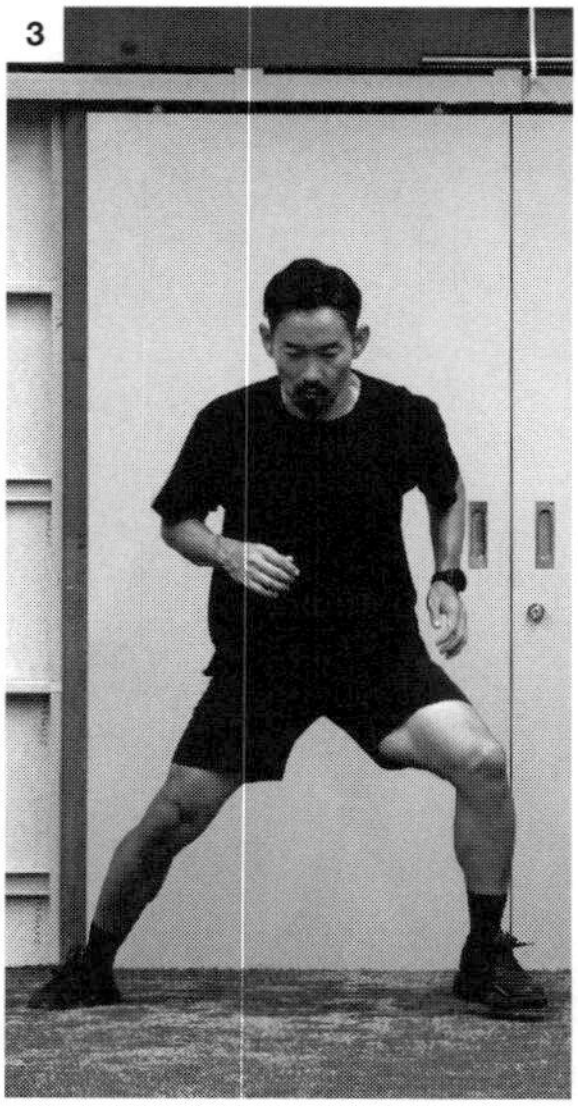
3
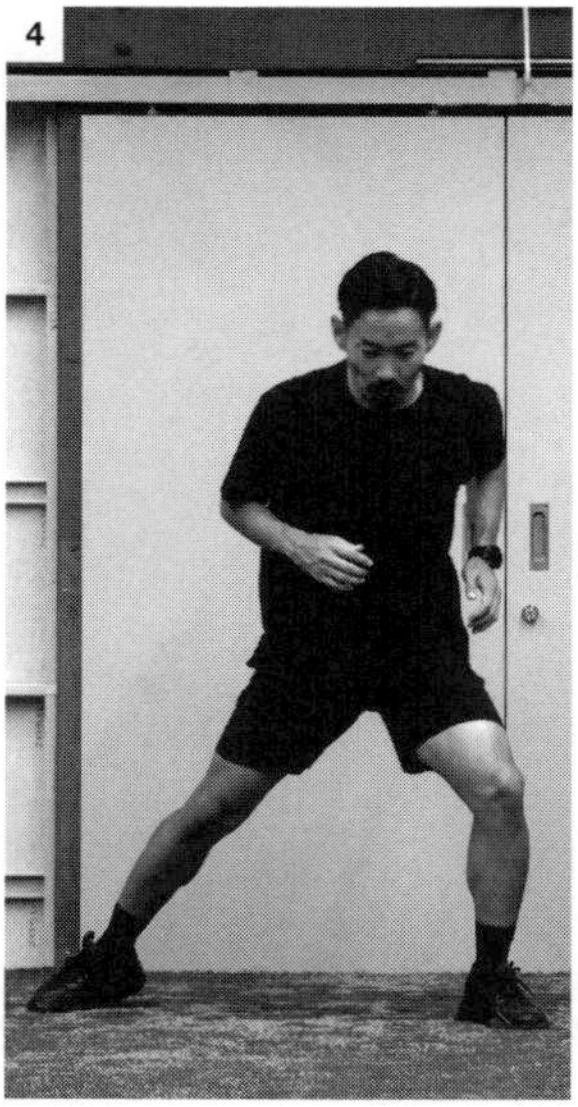
4

5
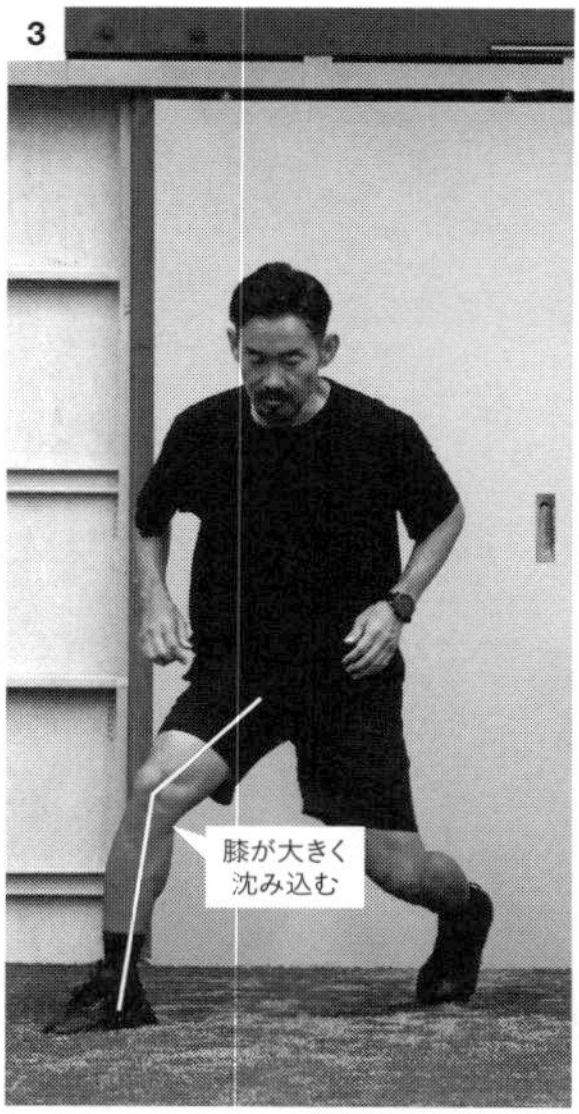
3
膝が大きく
沈み込む

4
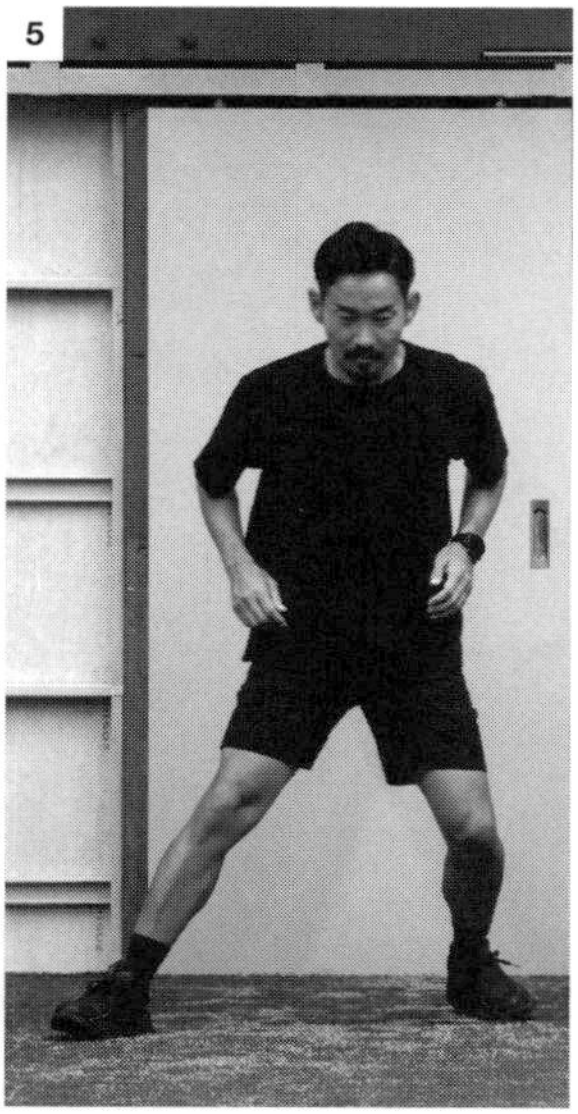
5

曲がる Aステップ（正面）

◎ **GOOD➡**

【ライン】勝ちライン
【ポジション】勝ちポジション、Aの高さ
【タイミング】着地とAの高さ
【ポイント】行きたいほうと逆の脚を動かす。Bの高さまで上げてしまうと遅れてしまう。より加速したければ脚の幅と深さを出す。これによって身体が進行方向へと傾く

1

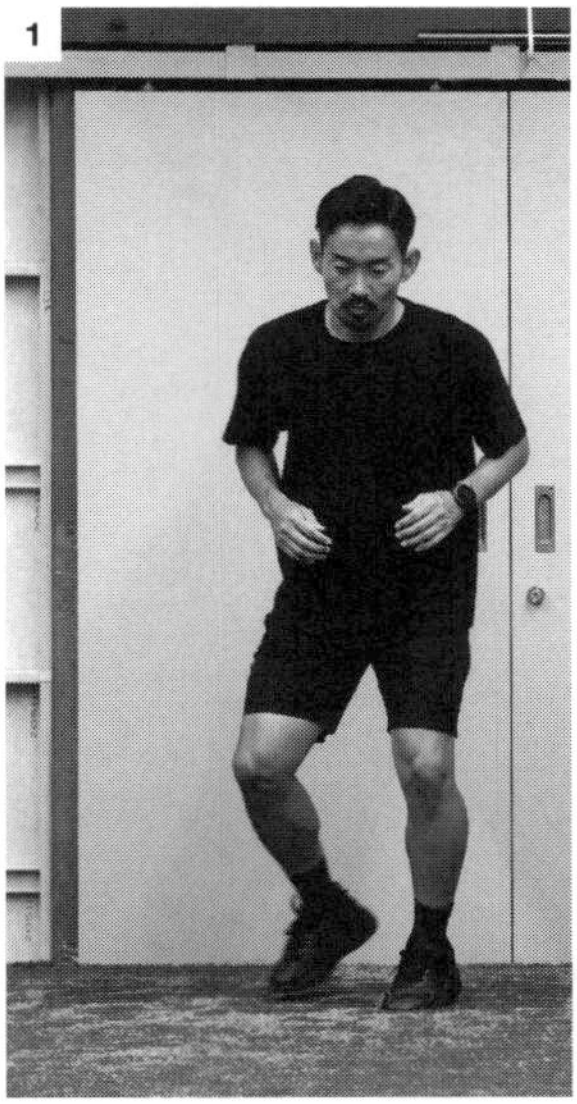

2

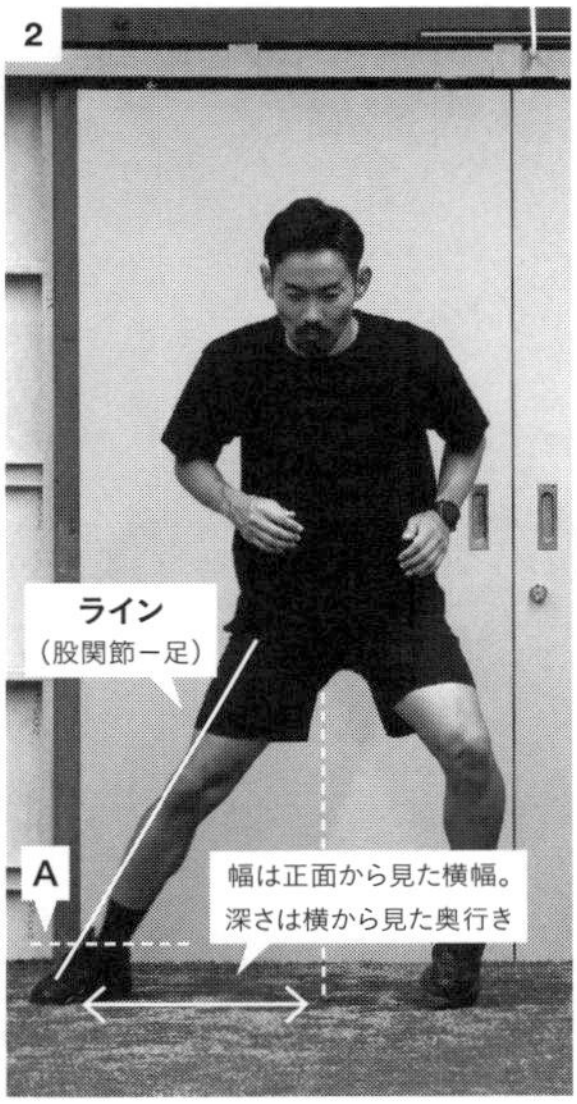
ライン
（股関節ー足）
A
幅は正面から見た横幅。
深さは横から見た奥行き

曲がる Aステップ（正面）

✕ **BAD➡**

【ライン】負けライン
【ポジション】負けポジション
【タイミング】―
【ポイント】脚の深さと幅を出さないと身体が起き上がってしまい、速さや強さが出しづらくなる

1

負けポジション

2

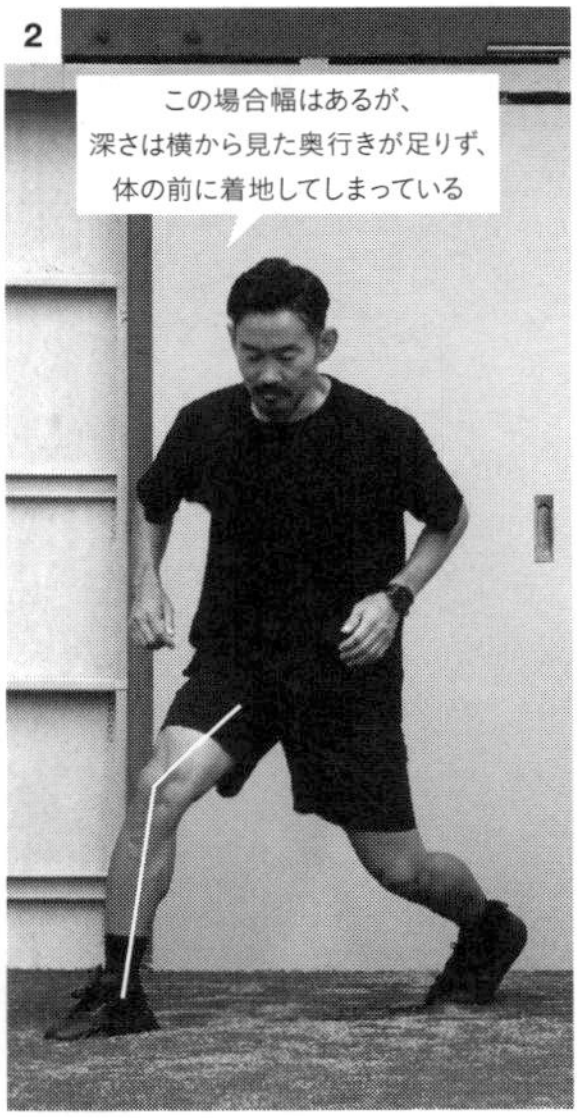
この場合幅はあるが、
深さは横から見た奥行きが足りず、
体の前に着地してしまっている

3
4
5
勝ちライン
勝ちポジション
このコマから前進が始まる
勝ちポジション
二歩目が始まる

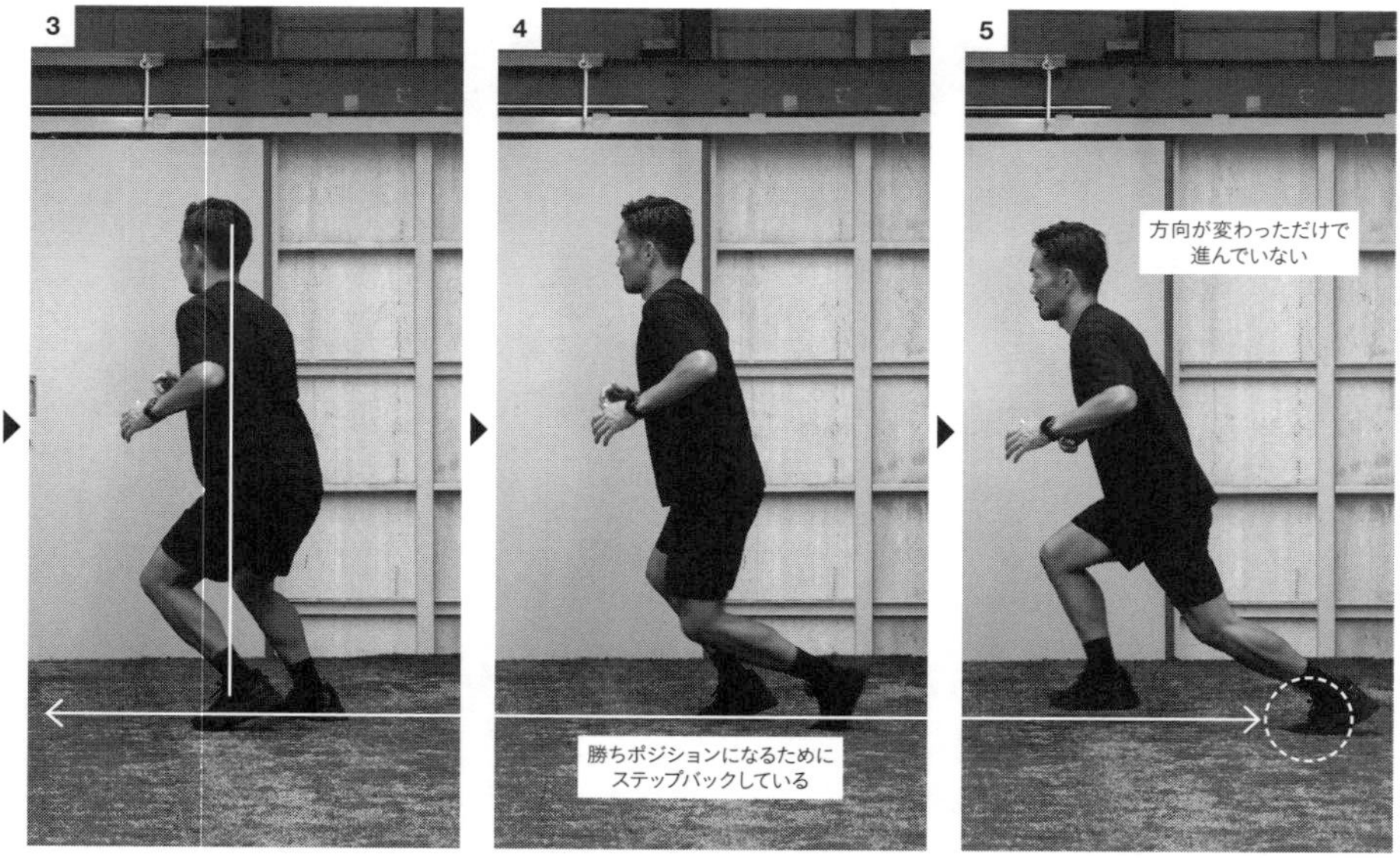
3
4
5
方向が変わっただけで
進んでいない
勝ちポジションになるために
ステップバックしている

順回り（横）

◎ **GOOD➡**

【ライン】勝ちライン
【ポジション】勝ちポジション
【タイミング】—
【ポイント】勝ちラインの保持を意識すること。ターン中に進行方向側に足よりも頭が前にある状態を意識することで、前への移動がスムーズに行われる

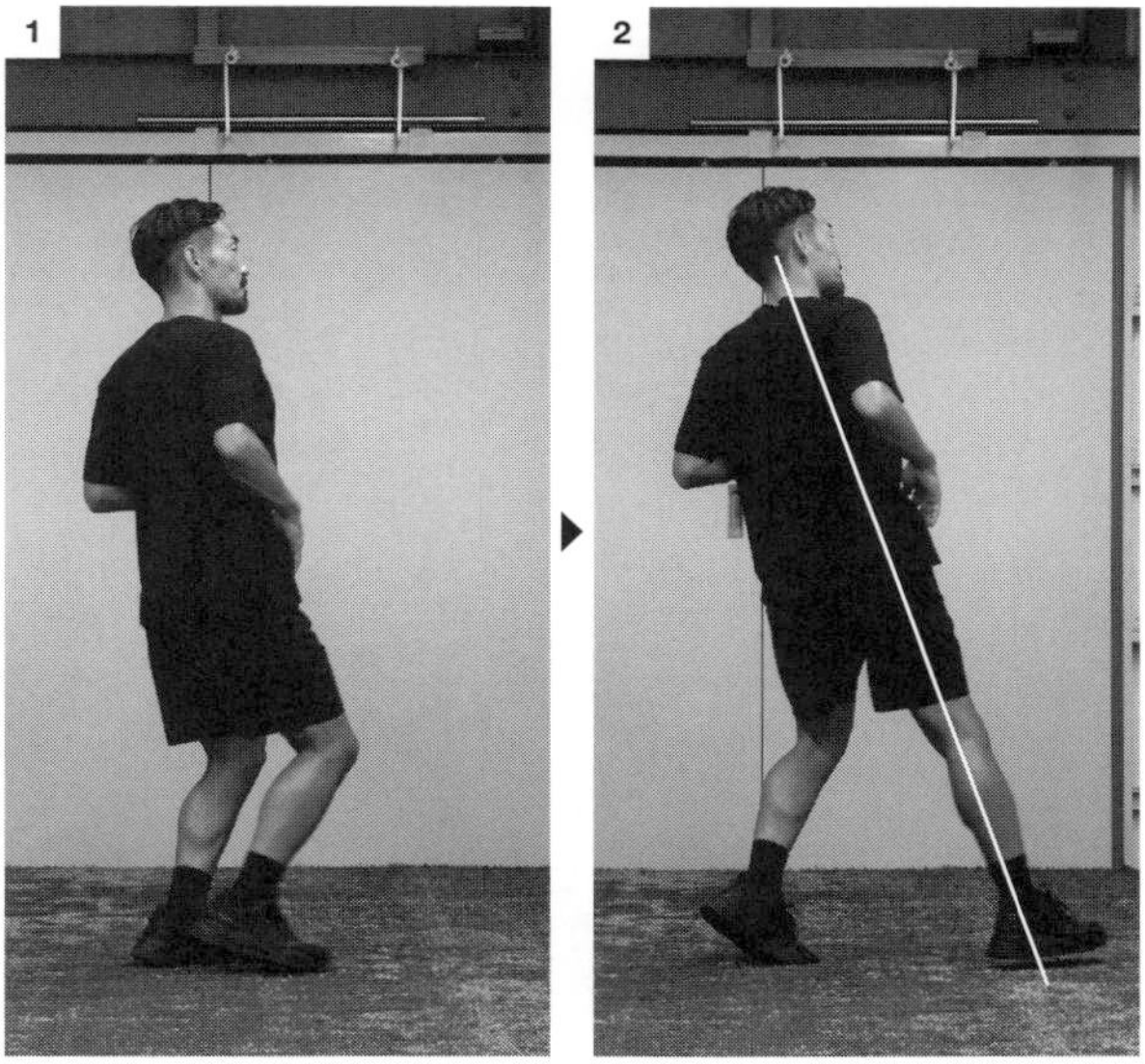

順回り（横）

✕ **BAD➡**

【ライン】負けライン
【ポジション】負けポジション
【タイミング】—
【ポイント】足と頭の関係性を作るためにコマが一つ増えるので遅れてしまう

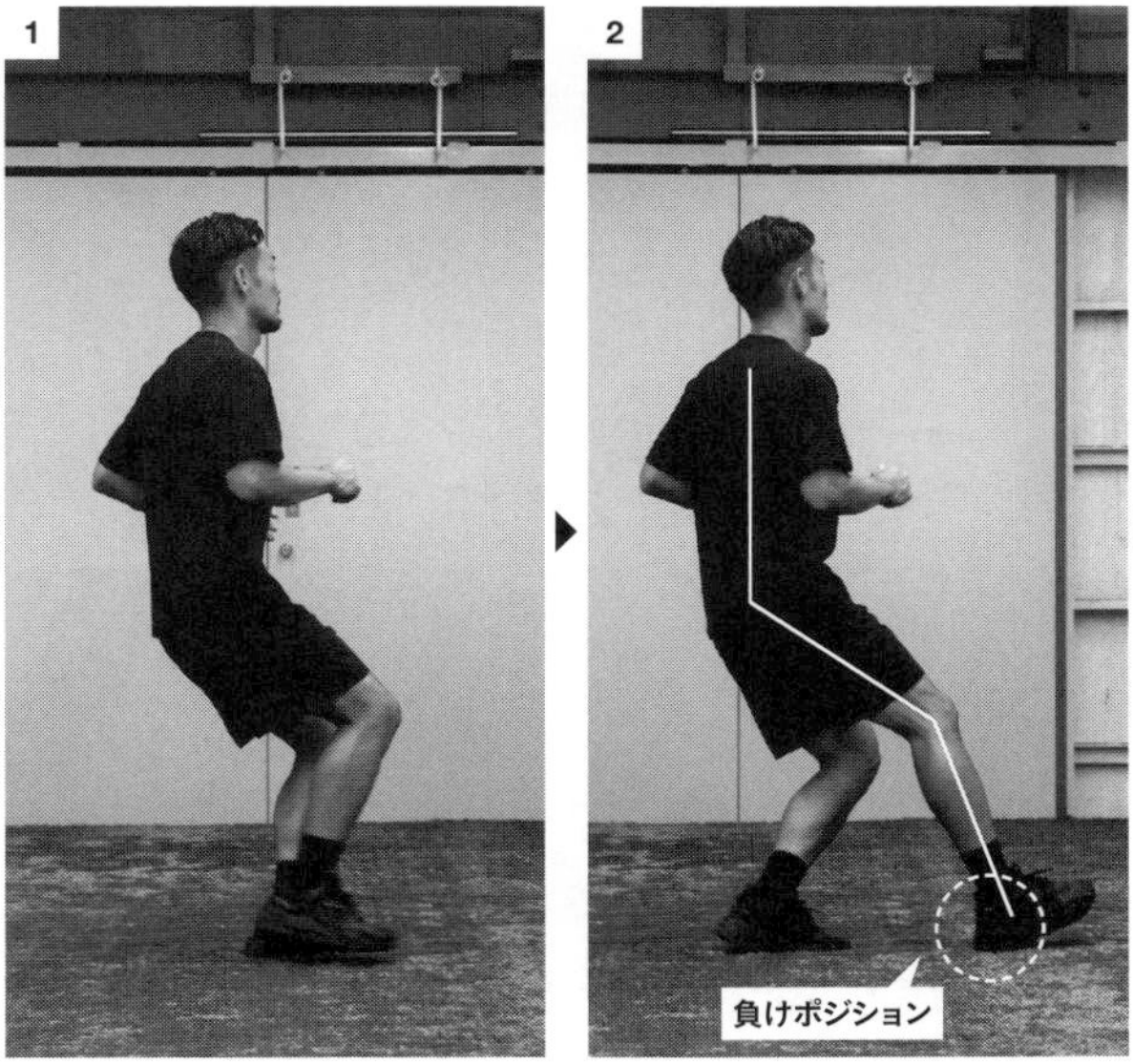

3
4
5
Aステップ
8
9
10
ライン
（足よりも頭が
前にある関係性）

3
4
5
負けポジション
8
9
10

フォールディング
（横）

◎ **GOOD ➡**

【ライン】勝ちライン
【ポジション】勝ちポジション、Aの高さ、トリプルフレクション
【タイミング】—
【ポイント】足よりも頭が前にある関係性をキープし、動くこと。ラグビー、サッカー、バレーボールでもよくある動きでポジショニングをする際など素早い動き出しが必要

フォールディング
（横）

✕ **BAD ➡**

【ライン】負けライン
【ポジション】負けポジション
【タイミング】—
【ポイント】足よりも頭が後ろにある。この体勢だと速く動き出せない

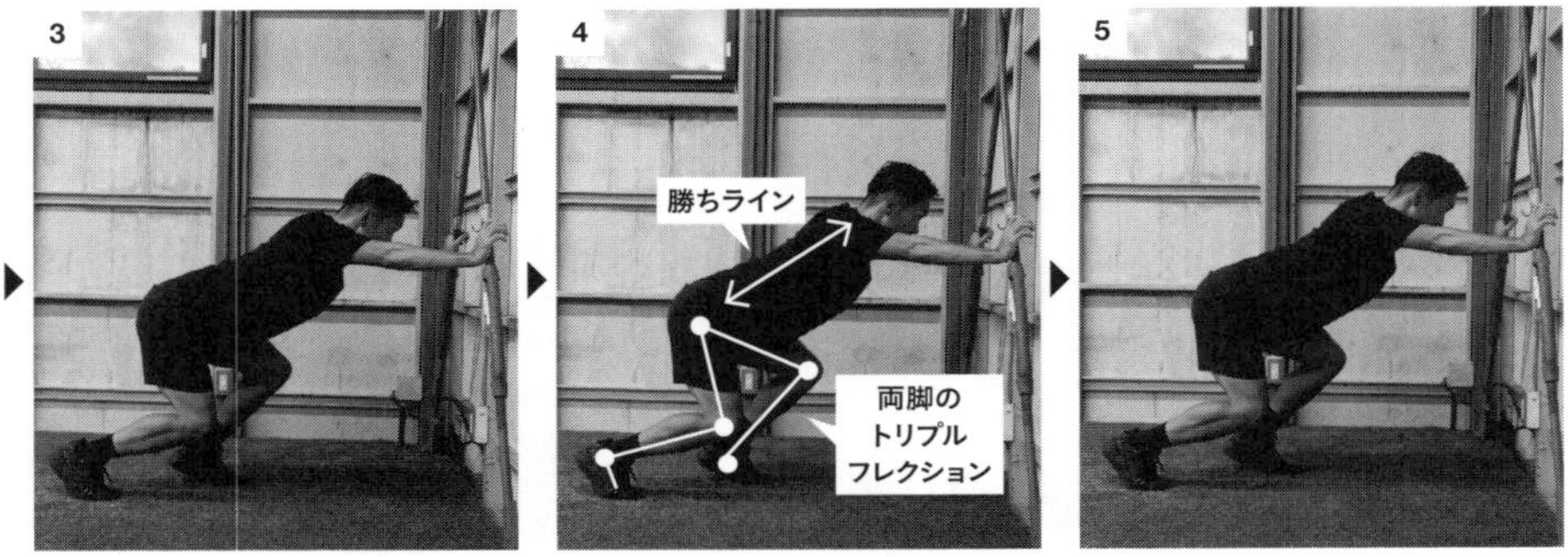
3
4
勝ちライン
両脚の
トリプル
フレクション
5

3
負けポジション
4
5

押す（横）

◎GOOD➡

【ライン】勝ちライン
【ポジション】勝ちポジション、トリプルフレクション
【タイミング】—
【ポイント】トリプルフレクション、勝ちラインを維持すること。押し込んだときに両脚のトリプルフレクションを常に維持することを意識する。トリプルフレクションが崩れてしまうと力が弱くなる

押す（横）

✕BAD➡

【ライン】負けライン
【ポジション】負けポジション
【タイミング】—
【ポイント】どちらか一方の脚がトリプルフレクションを維持できなくなると、前脚が負けポジションになりやすい。上半身が勝ちラインであっても下半身が負けポジションであれば力は発揮しづらい

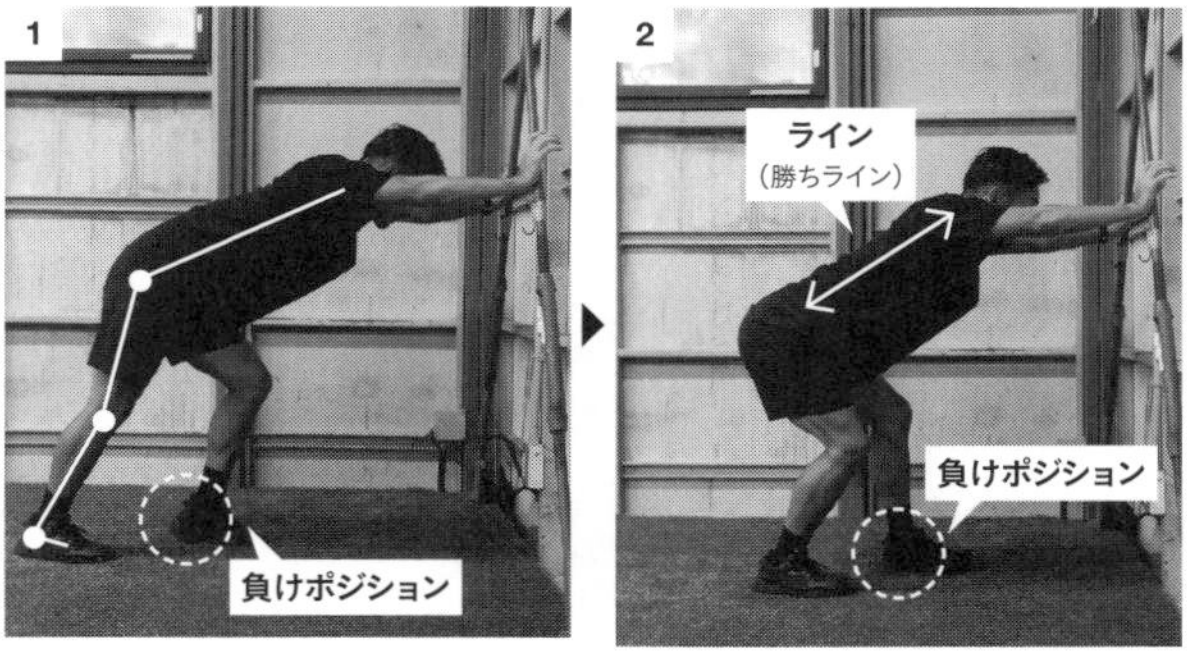

2
1
ライン
トリプル
フレクション
（3つ曲げる）
2
負けポジション
3

引く（横）
2種類

◎GOOD➡

【ライン】勝ちライン
【ポジション】勝ちポジション
【タイミング】トリプルフレクション
【ポイント】勝ちラインとトリプルフレクションを保持すること。トリプルフレクションを保持することで力を保つことができる

1

引く（横）

✕ BAD➡

【ライン】負けライン
【ポジション】負けポジション
【タイミング】—
【ポイント】負けラインになると負けポジションになりやすく、負けポジションになるとトリプルフレクションがしづらくなり、力が発揮しづらい

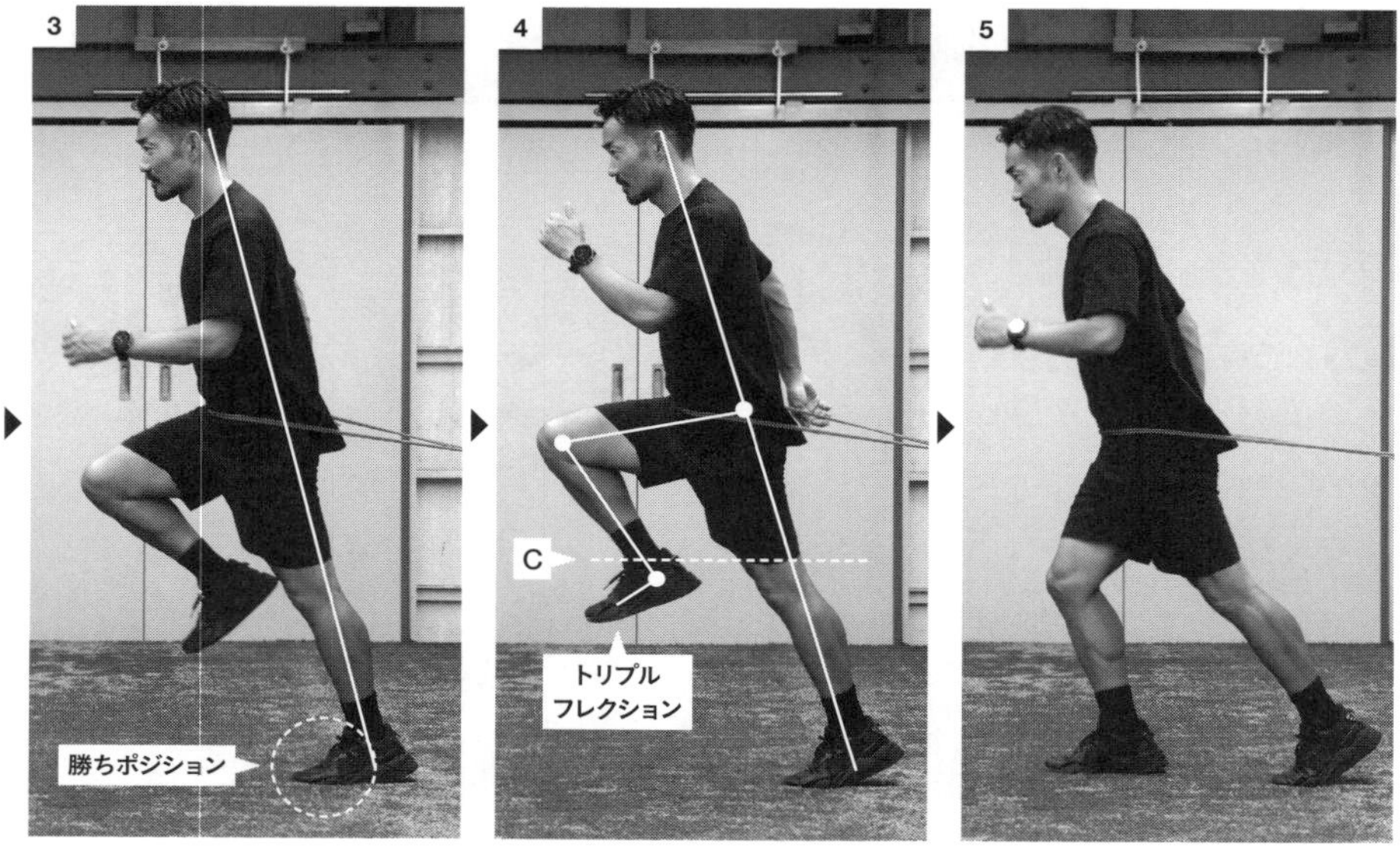
3
4
5
C
トリプル
フレクション
勝ちポジション

3
4
5
ラインがない
Cを通っていない

引きずる（横）

◎GOOD➡

【ライン】 勝ちライン
【ポジション】 勝ちポジション、Cの高さ
【タイミング】 引っ張りたいタイミングでCを通す
【ポイント】 Cを通すタイミングでもっとも力を感じられるはず。一気に引っ張るにはCを通すまでの時間を短くすること

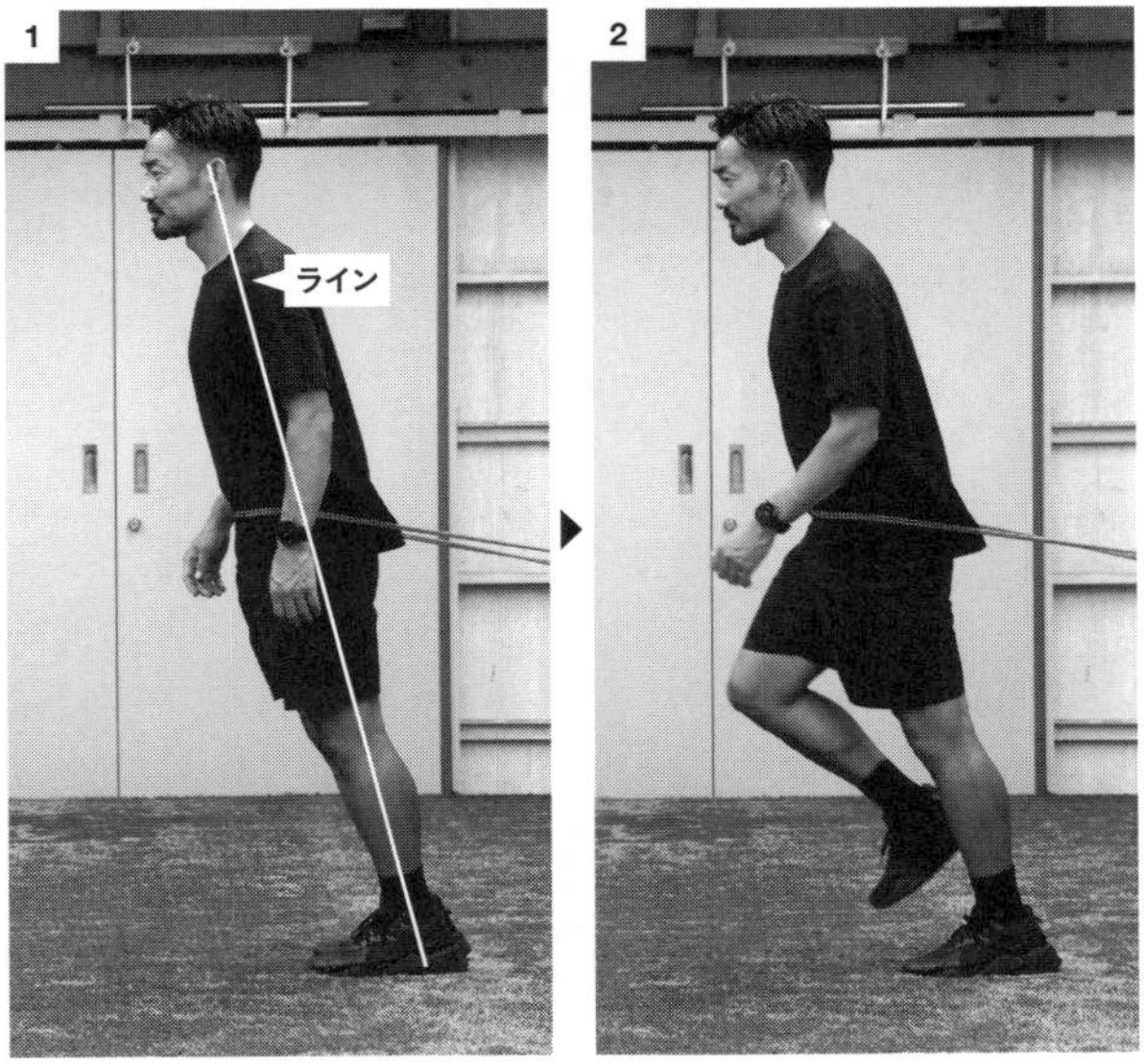

引きずる（横）

✕ BAD➡

【ライン】 負けライン
【ポジション】 負けポジション
【タイミング】 —
【ポイント】 Cを通さない動きになると（膝中心の動きになると）脚は身体の後ろで動きやすくなり、頭が下がり、倒れやすくなる。主にコンタクトスポーツで起こるシーン

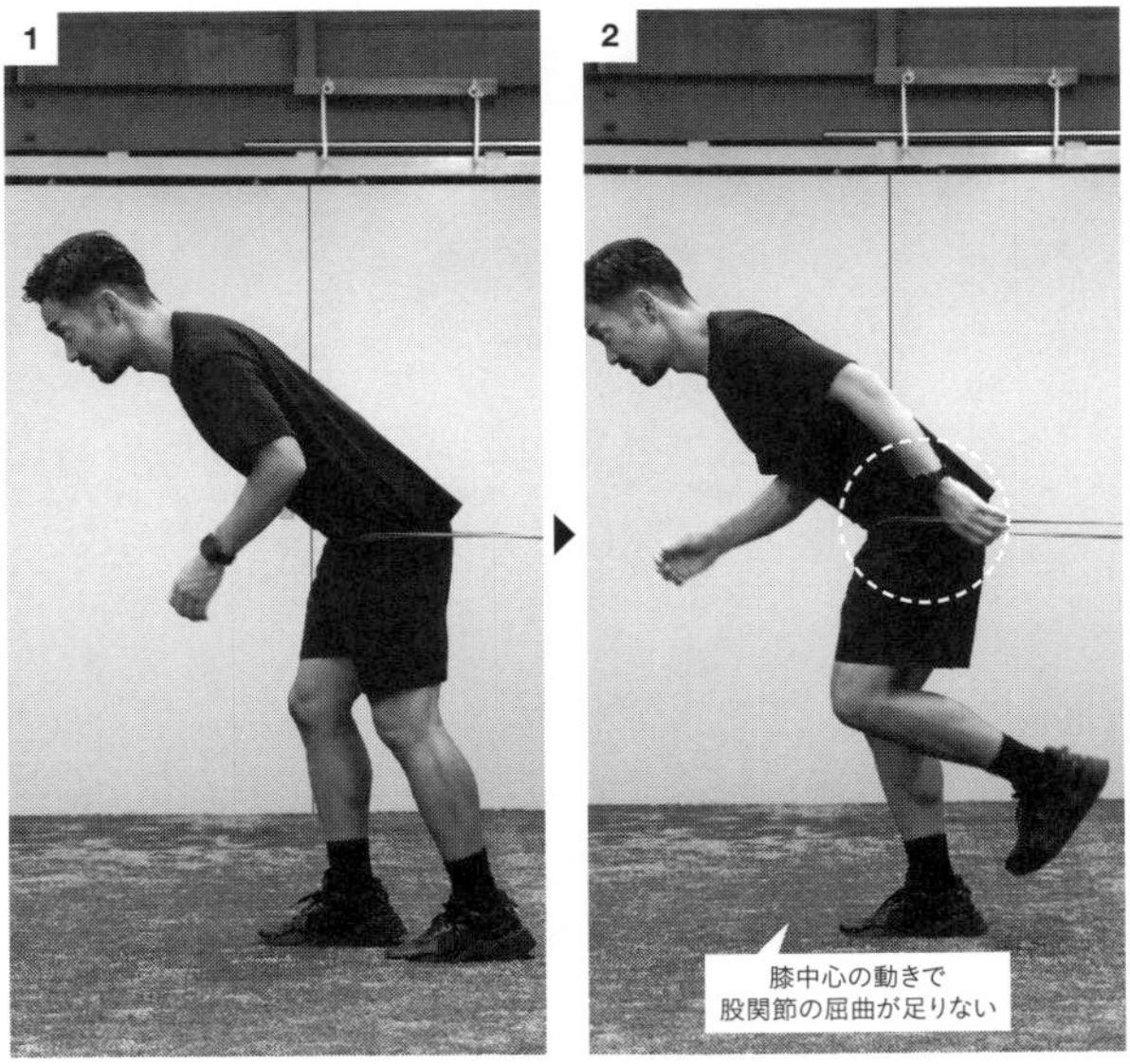

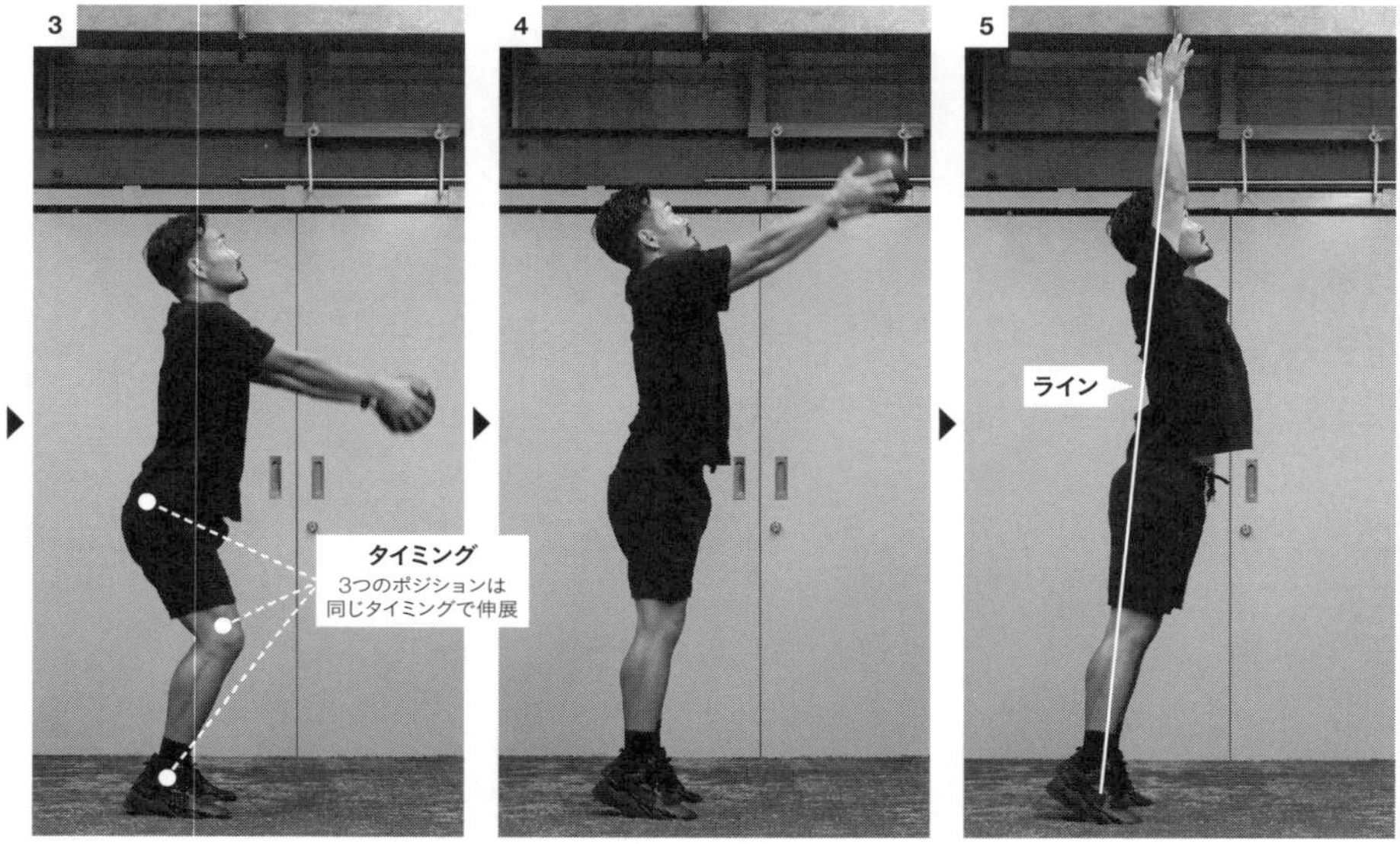
3
タイミング
3つのポジションは
同じタイミングで伸展
4
5
ライン

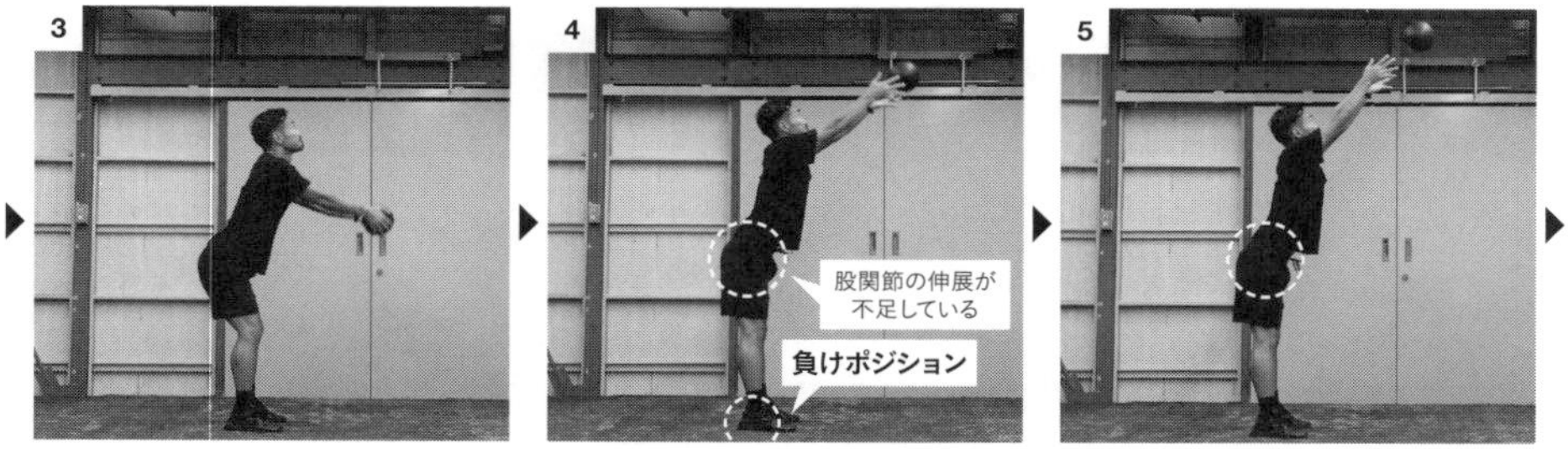
3
4
股関節の伸展が
不足している
負けポジション
5

上投げ（横）

◎ GOOD ➡

【ライン】勝ちライン
【ポジション】勝ちポジション、トリプルフレクション
【タイミング】トリプルフレクションから伸び上がるタイミングと腕をスイングするタイミングを合わせる
【ポイント】3つの関節が曲がった状態から3つの関節がそれぞれ伸展するタイミングが同じであれば、頭から足先までラインができる

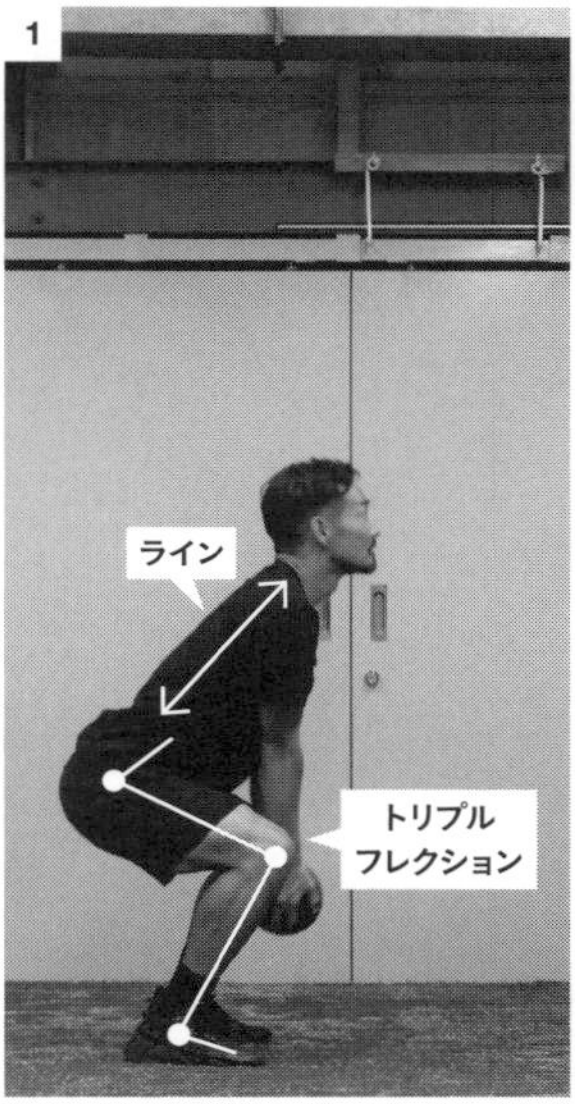

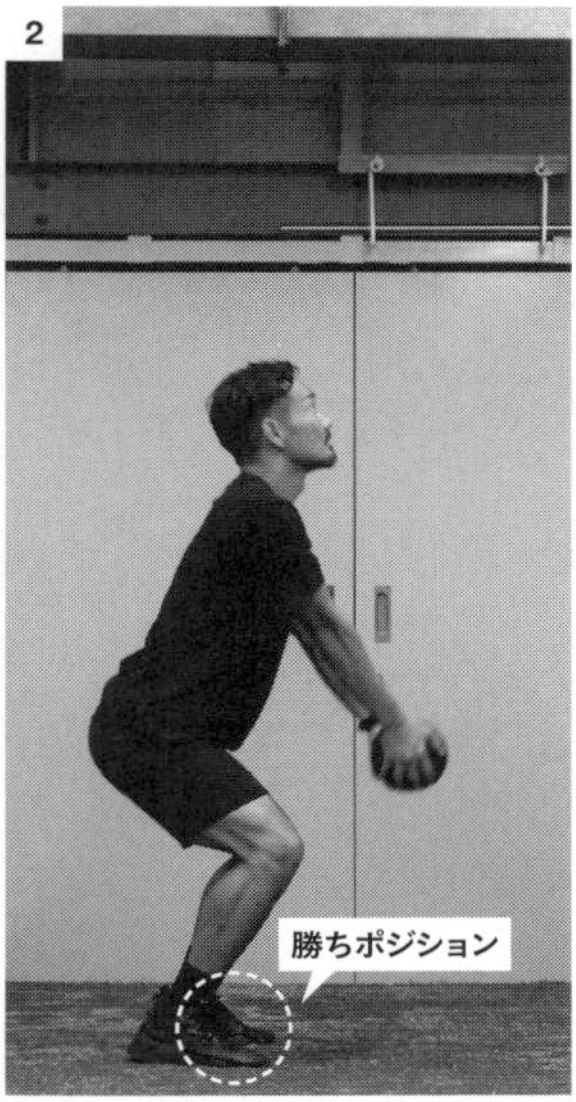

上投げ（横）

✕ BAD ➡

【ライン】負けライン
【ポジション】負けポジション
【タイミング】—
【ポイント】股関節の進展のボリュームが足りないので頭から足先までラインを作り出せないため、ボールに力が伝わりづらい

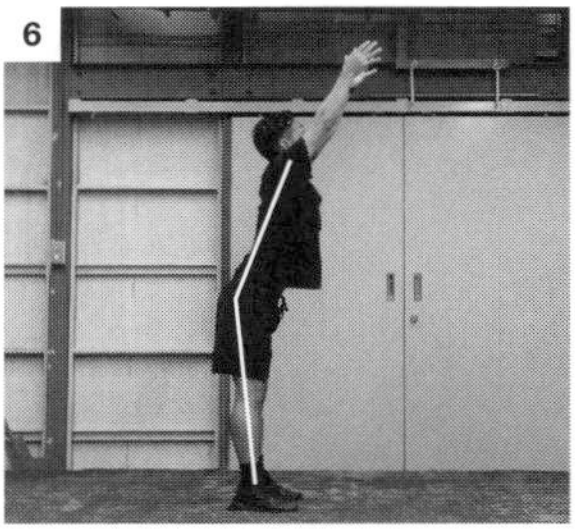

3
ライン
（勝ちライン）
4
トリプル
フレクション
3つ曲げる
5

3
4
ポジション
（股関節の
曲がりが足りない）
5
8
上半身が直立
しやすくなる
9
10

下投げ

◎ **GOOD➡**

【ライン】勝ちライン
【ポジション】勝ちポジション、トリプルフレクション
【タイミング】股関節を曲げ始めるときのタイミングと腕のスイングのタイミングを合わせる
【ポイント】上半身の勝ちラインを保持したまま、トリプルフレクションの体勢になる

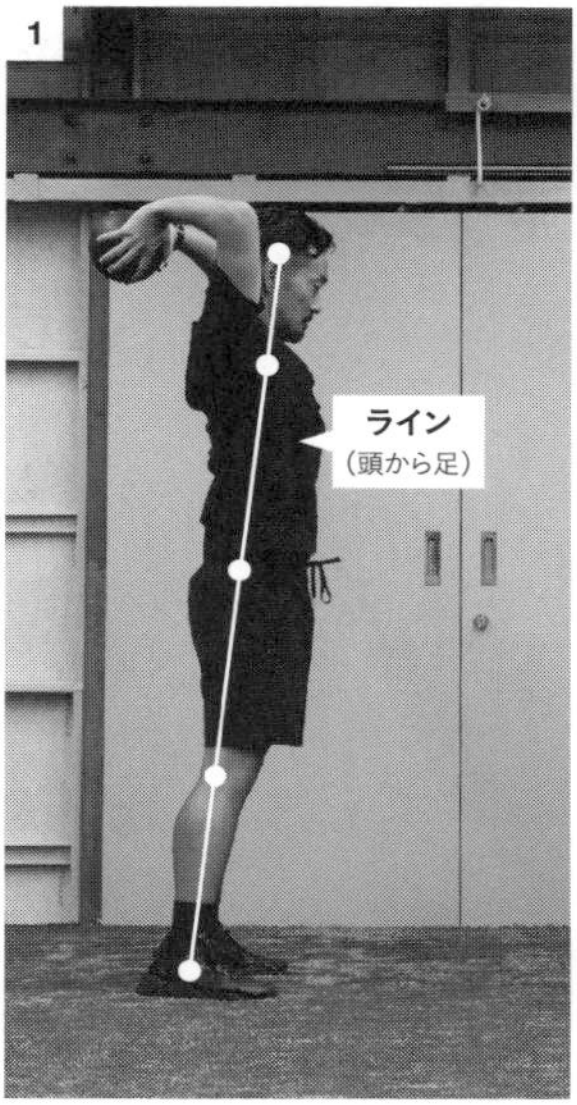

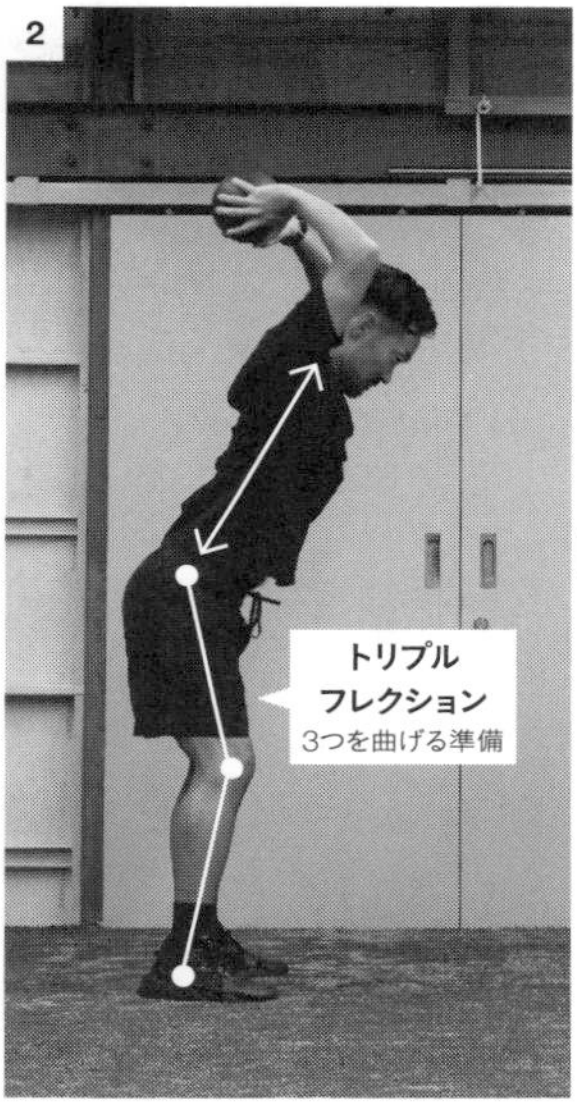

下投げ両脚

✕ **BAD➡**

【ライン】負けライン
【ポジション】負けポジション
【タイミング】—
【ポイント】股関節の屈曲のボリュームが足りないと上半身が直立し、上半身の力を使って投げることができない

3
4
5
8
9
10
トリプル
フレクション
3つ曲げる

3
4
5
負けポジション
ポジション
膝の曲がりが
足りない
8
9
10

下投げ 片足踏切り（横）

◎ GOOD ➡

【ライン】 勝ちライン
【ポジション】 勝ちポジション、トリプルフレクション
【タイミング】 —
【ポイント】 上げた脚を踏み込む際に勝ちポジション。タイミングはスイングに合わせてトリプルフレクションを開始すること

1

2

6

7

下投げ 片足踏切り（横）

✕ BAD ➡

【ライン】 負けライン
【ポジション】 負けポジション
【タイミング】 —
【ポイント】 膝の屈曲のボリュームが足りないので頭から足先までラインを作り出せないため、負けポジションになりやすく、ボールに力が伝わりづらい

1

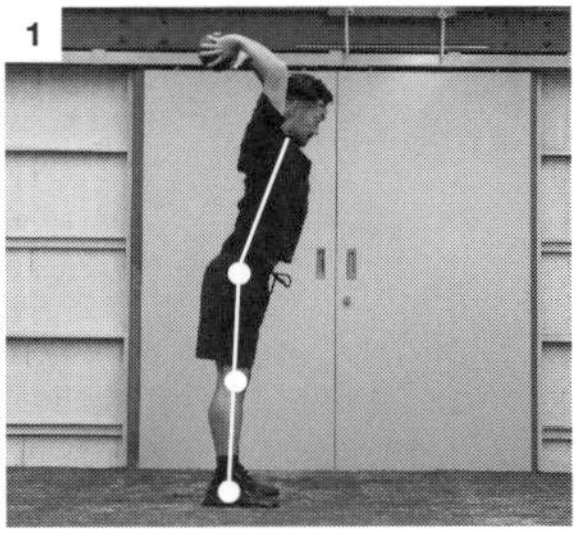

2

6

7

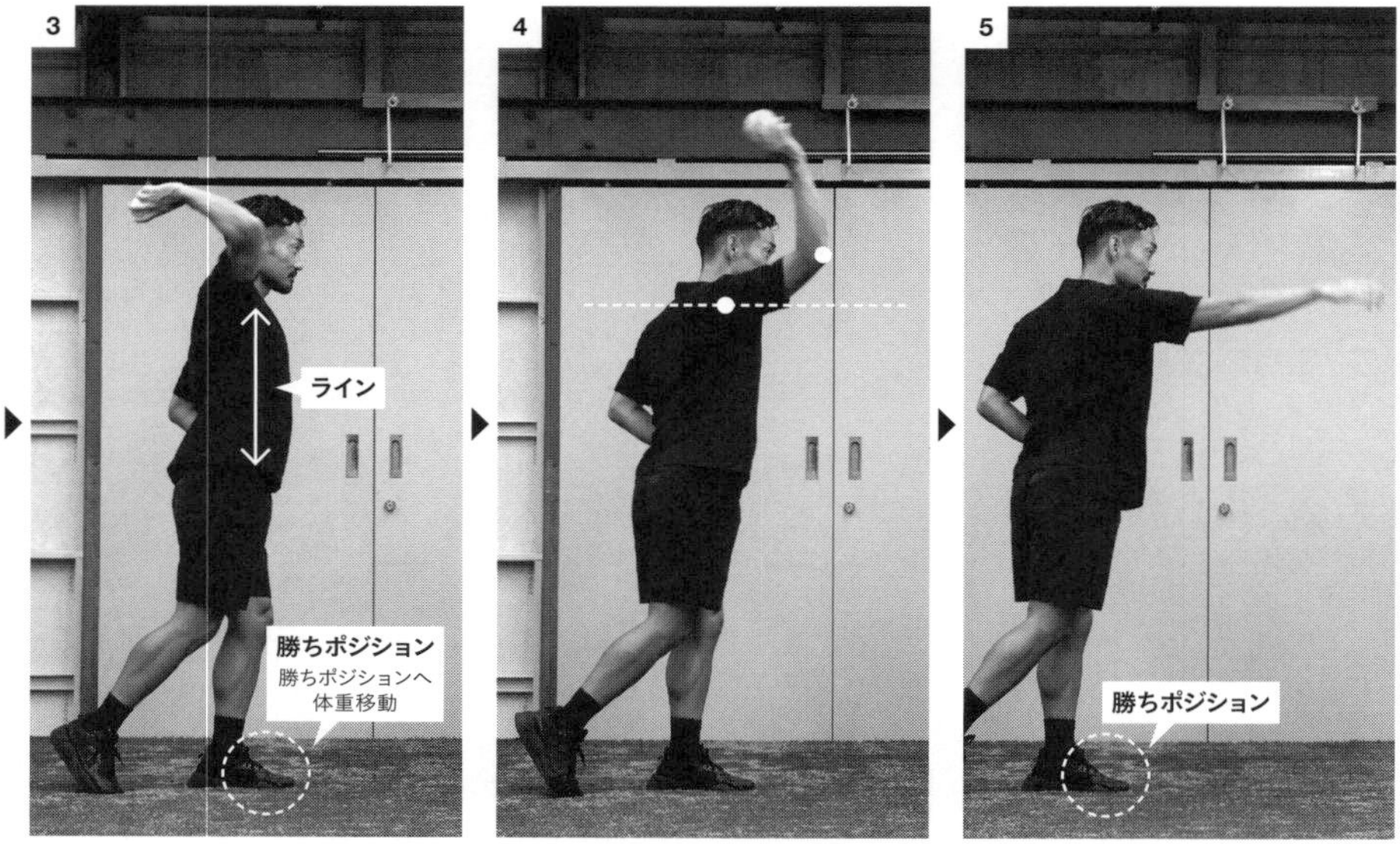
3
ライン
勝ちポジション
勝ちポジションへ
体重移動
4
5
勝ちポジション

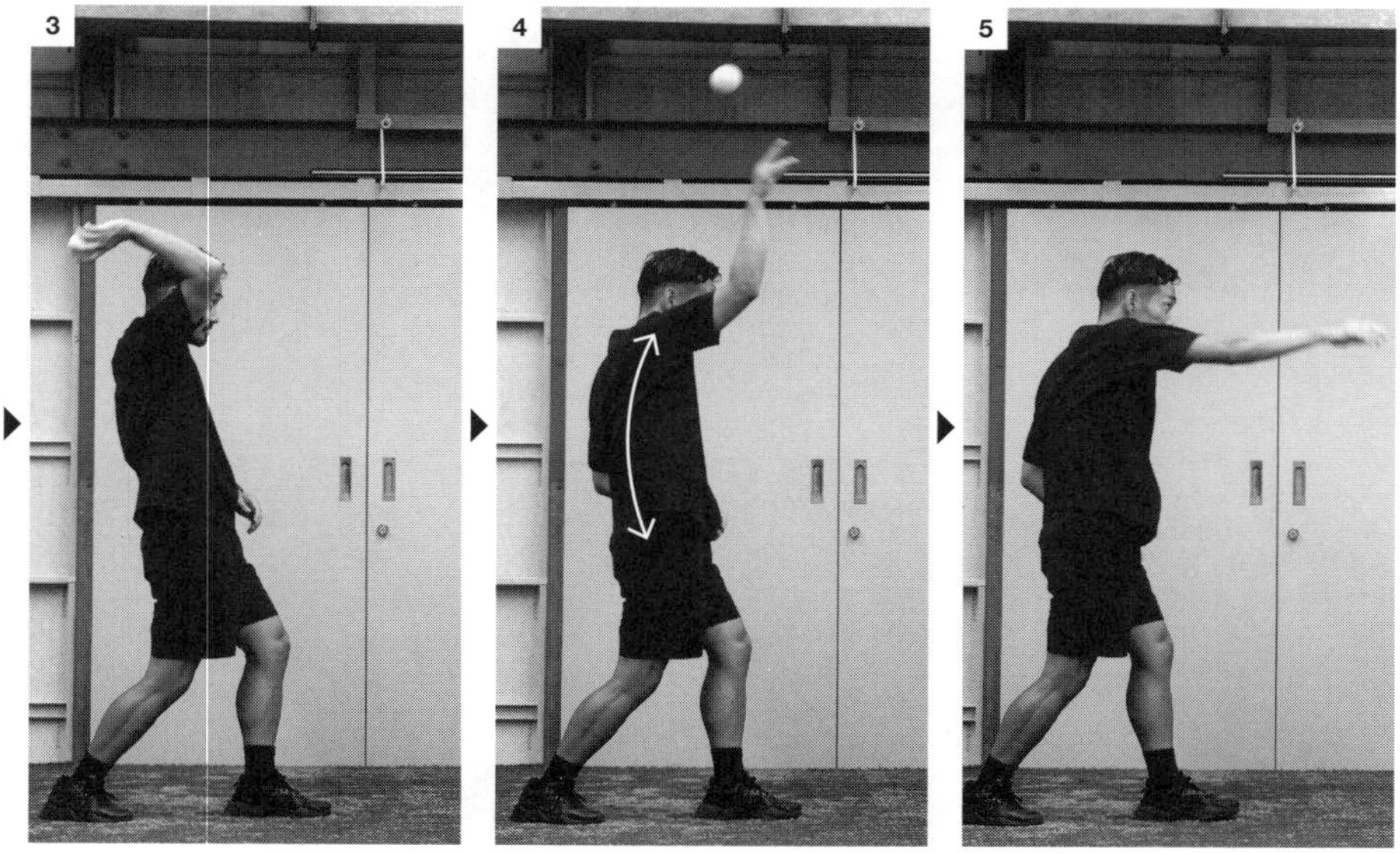
3
4
5

投げる（横）

◎ **GOOD➡**

【ライン】 勝ちライン
【ポジション】 勝ちポジション、肩と肘
【タイミング】 —
【ポイント】 肩よりも肘が高い。肘を屈曲した状態で腕を引き込む。勝ちラインを保持する。腕が頭を通過するときに勝ちポジションになる

投げる（横）

✕ **BAD➡**

【ライン】 負けライン
【ポジション】 負けポジション
【タイミング】 —
【ポイント】 肩、肘の関係性において肘が下がってしまう。肘を伸展したまま、負けライン、負けポジションのまま投げてしまう

3
4
5
ポジション
（勝ちポジション）

3
4
5
ライン
ポジション
（負けポジション）
8
9
10

蹴る
勝ちポジション
勝ちライン

【ライン】勝ちライン
【ポジション】勝ちポジション
【タイミング】—
【ポイント】キックの踏み込み種類の紹介。勝ちポジションで踏み込み、そのままつま先側に体重移動を行う。低い軌道やライナー性のキックになることが多い

蹴る
負けポジション
勝ちライン

【ライン】勝ちライン
【ポジション】負けポジション
【タイミング】—
【ポイント】キックの踏み込み種類の紹介。負けポジションで踏み込み、負けポジションを保持してキックを行う。長い距離や高さ、回転や速度を調整する際に多い

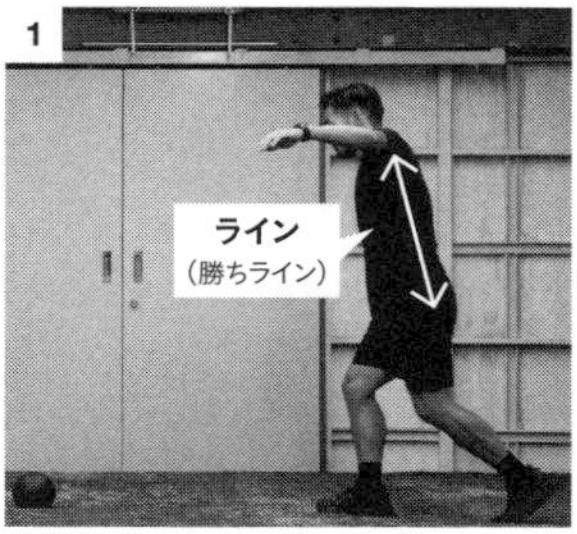

3
4
5
8
9
10
ライン
（負けライン）
ポジション
（負けポジション）

3
4
5
負けポジション
勝ちポジション
8
9
10

蹴る
負けポジション
負けライン

【ライン】 負けライン
【ポジション】 負けポジション
【タイミング】 —
【ポイント】 ライン・ポジションともに負けになると安定性を失いやすくなる

蹴る足裏
負けから勝ち

【ライン】 勝ちライン
【ポジション】 負けポジション、勝ちポジション
【タイミング】 —
【ポイント】 キックの踏み込み種類の紹介。負けポジションで踏み込み、勝ちポジション側に体重移動を行う。長い距離や高さ、回転や速度を調整する際に多い

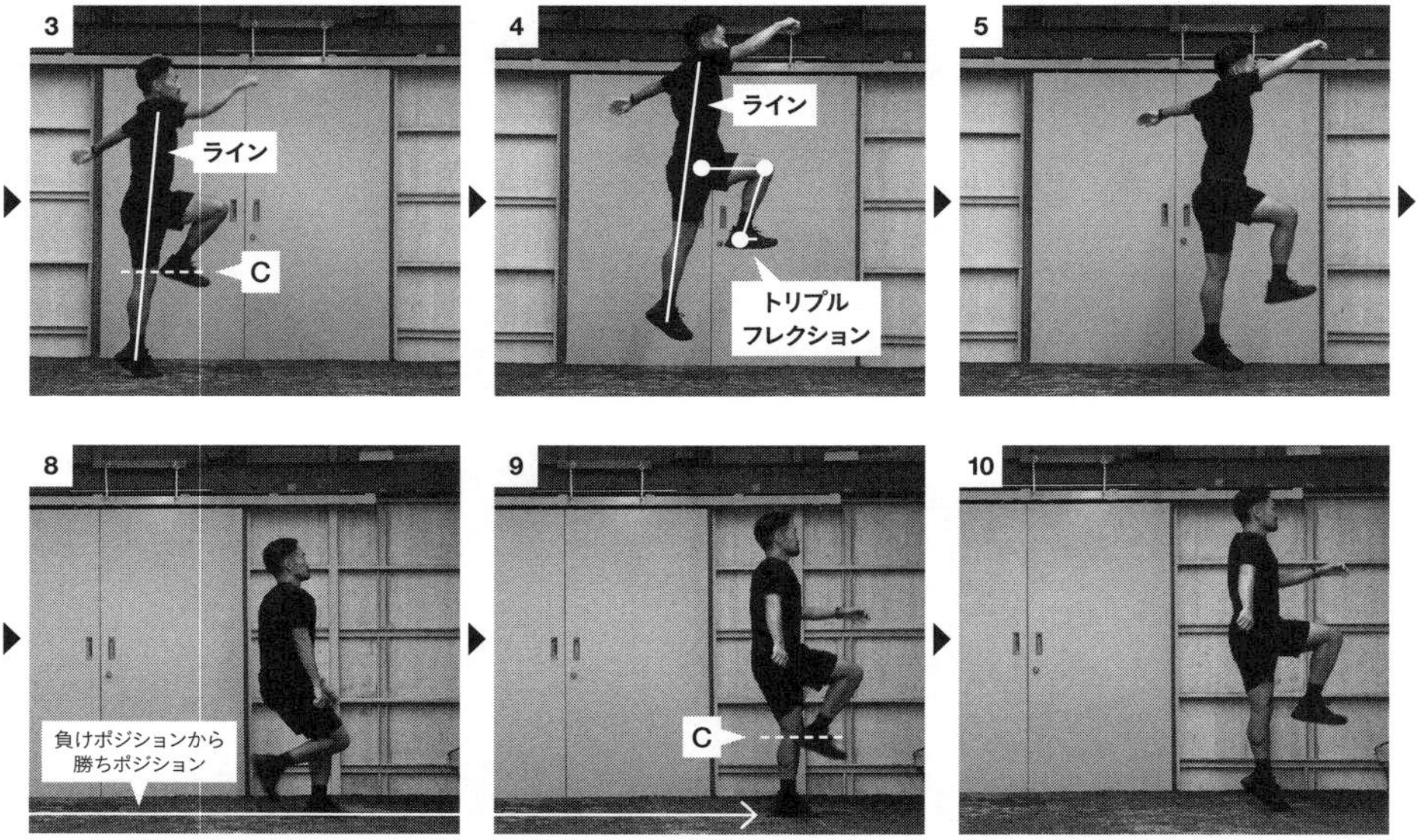
3
ライン
C
4
ライン
トリプル
フレクション
5
8
負けポジションから
勝ちポジション
9
C
10

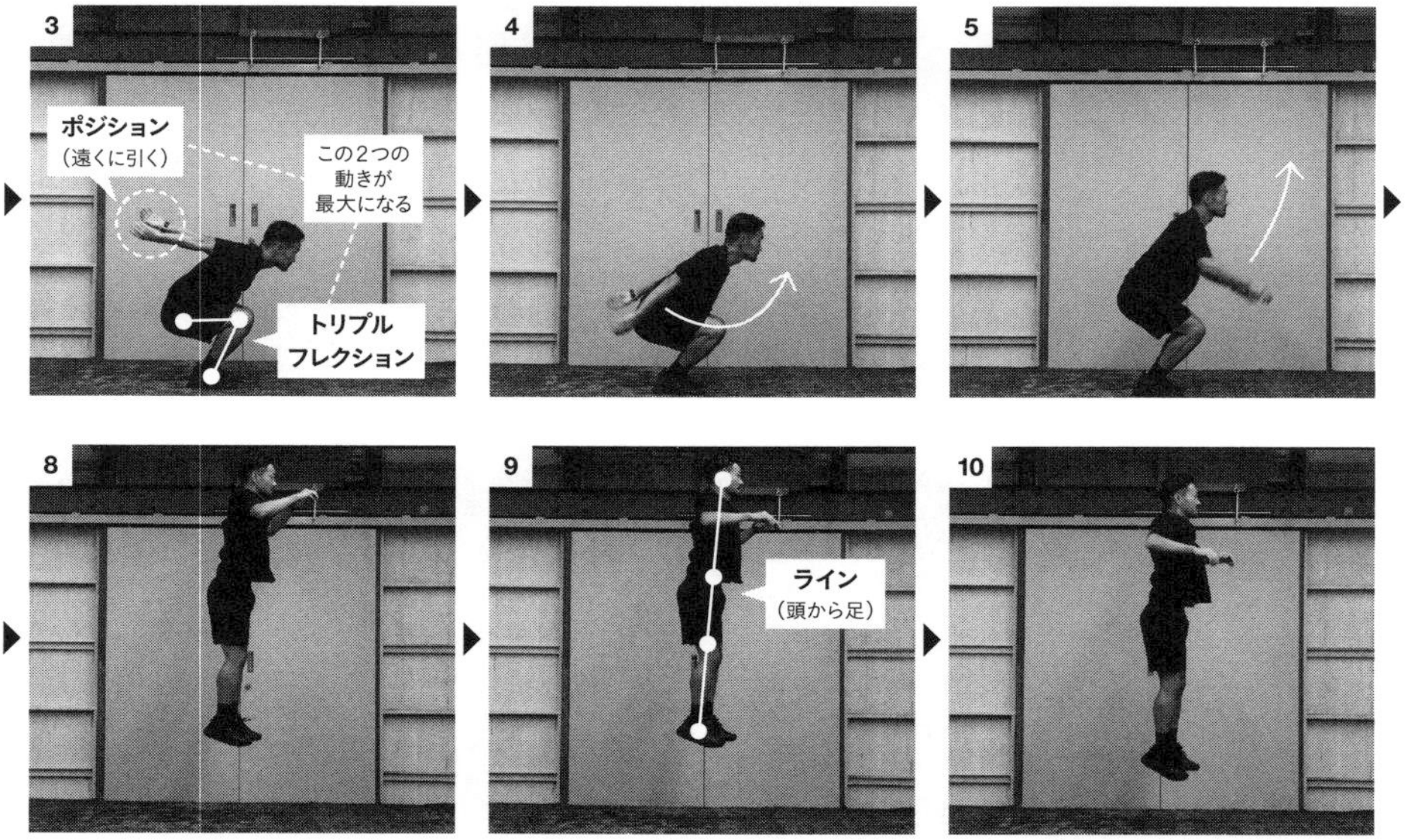
3
ポジション
（遠くに引く）
この2つの
動きが
最大になる
トリプル
フレクション
4
5
8
9
ライン
（頭から足）
10

スキップ高い
(横)

◎ GOOD ➡

【ライン】勝ちライン
【ポジション】負けポジションから勝ちポジション、Cの高さ
【タイミング】負けポジションから勝ちポジションへの切り替えのタイミングを強調する
【ポイント】空中にいるときも勝ちラインを保持する。Cを通すことを強調して高く跳ぶ。着地は負けポジションから着地して構わないので素早く勝ちポジションへ移動することを意識する

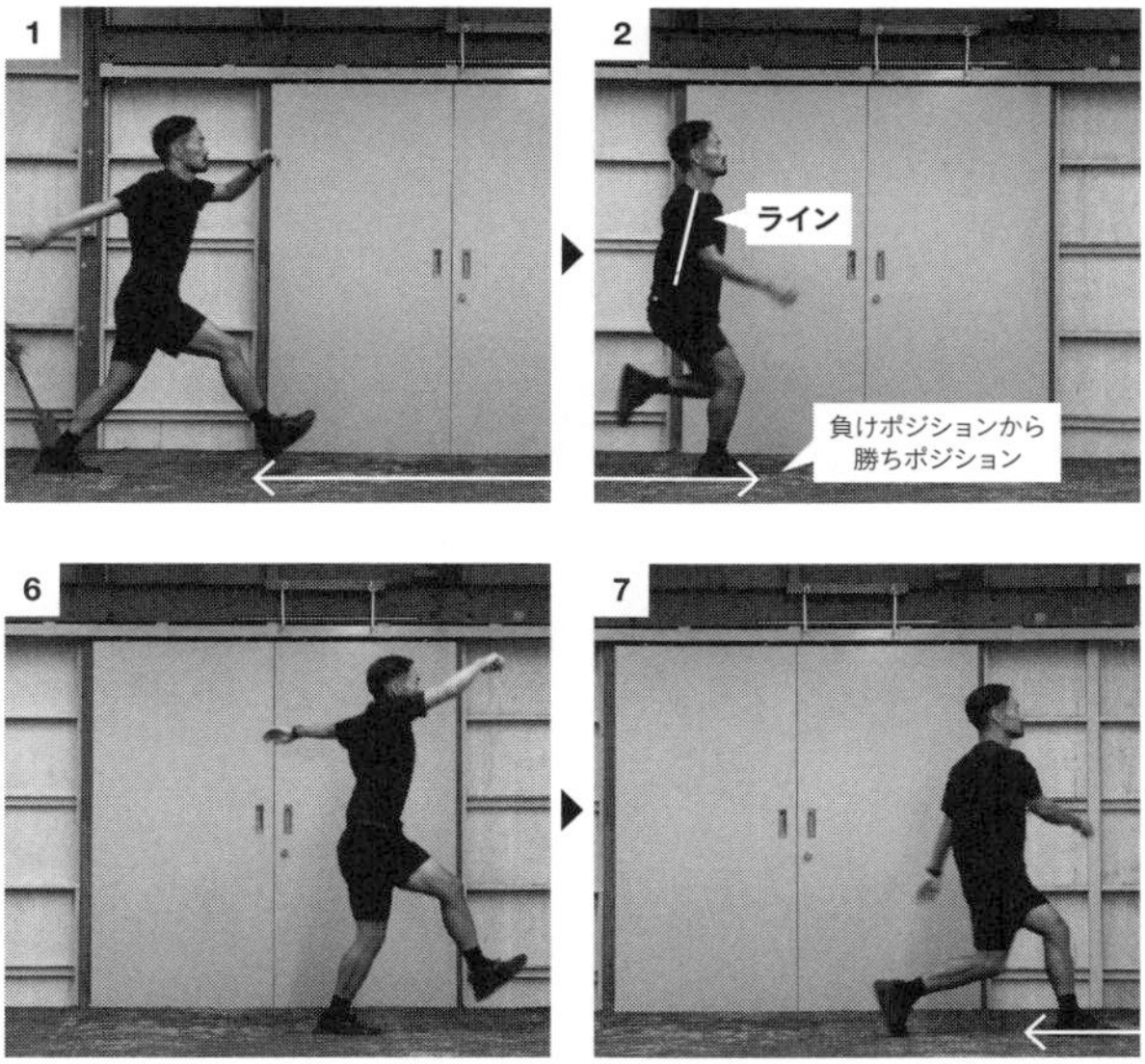

跳ぶ(横)

◎ GOOD ➡

【ライン】勝ちライン
【ポジション】勝ちポジション、トリプルフレクション
【タイミング】トリプルフレクションと腕を最大に引いたときが同じ
【ポイント】3つの関節が曲がった状態から3つの関節がそれぞれ伸展するタイミングが同じであれば、頭から足先までラインができる

3
4
5
8
ラインなし
股関節を
使えていない
9
10

3
トリプル
フレクション
ポジション
3つが伸びる
4
勝ちライン
5

跳ぶ（横）

× BAD➡

【ライン】 負けライン
【ポジション】 負けポジション
【タイミング】 —
【ポイント】 3つの関節が曲がった状態から3つの関節がそれぞれ伸展するタイミングが同じではないと、頭から足先までラインができない

片足跳び（横）

◎ GOOD➡

【ライン】 勝ちライン
【ポジション】 Cの高さ、トリプルフレクション
【タイミング】 —
【ポイント】 Cを通しながら踏み切る。踏み切り後、トリプルフレクションの形をキープすると頭から足先までラインができる

3
4
3つの曲がりのボリューム
（膝中心に曲がっているので股関節が足りない）
5

3
ライン
（その結果後傾）
4
5

片足跳び（横）

✕ BAD① ➡

【ライン】負けライン
【ポジション】Cの高さ、トリプルフレクション
【タイミング】―
【ポイント】Cを通し切らないで踏み切る。トリプルフレクションができない。つまり、股関節の屈曲のボリュームが足りていないので高く飛びづらく、上半身が前に前屈しやすくなる

片足跳び（横）

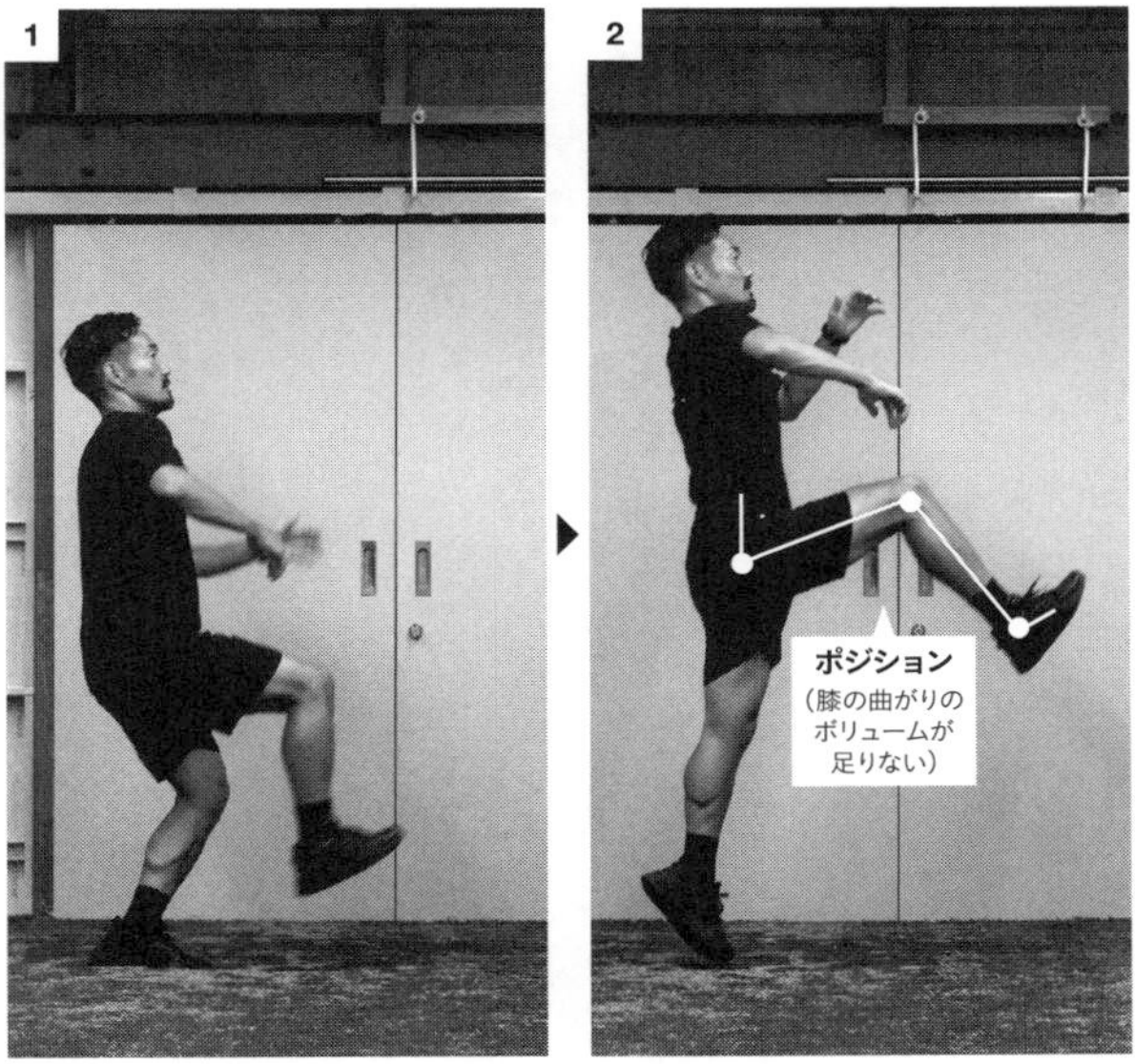

✕ BAD② ➡

【ライン】負けライン
【ポジション】Cの高さ、トリプルフレクション
【タイミング】―
【ポイント】膝の屈曲のボリュームが足りないとCも通らないし、その結果、身体は後傾してしまう。空中姿勢としては非常に弱い姿勢になる

【映像】
スキップ

【映像】
投げるポジション ライン

【映像】
跳ぶ片足C

【映像】
コーナーリング外肩・内肩

抱え込みジャンプ（横）

◎GOOD➡

【ライン】 勝ちライン
【ポジション】 勝ちポジション、トリプルフレクション
【タイミング】 トリプルフレクションと腕を最大に引いたときが同じ
【ポイント】 3つの関節が曲がった状態からそれぞれ伸展するタイミングが同じであれば、頭から足先までラインができる。跳び上がったあとは両脚をトリプルフレクションする。その際に上半身の勝ちラインを意識する

映像

【映像】
キックのポジションとライン

【映像】
投げる（上下）

【映像】
跳ぶ

3
4
ポジション
内肩でリード
5
ライン
内傾
8
ライン
9
10

3
4
ポジション
（外肩リード）
負けライン
5
8
9
10

コーナーリング内傾外向（正面）

◎ **GOOD➡**

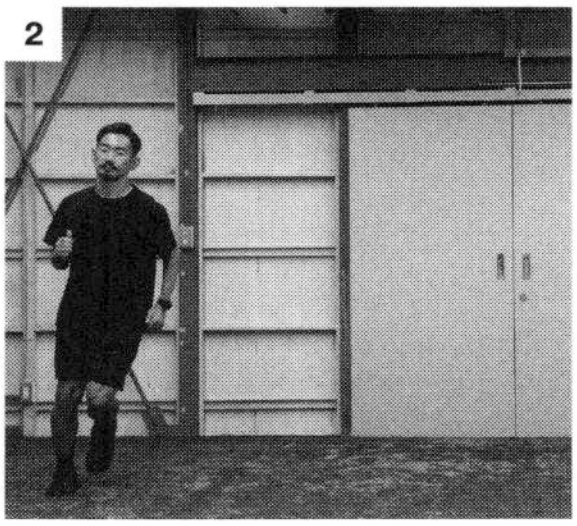

【ライン】勝ちライン
【ポジション】勝ちポジション
【タイミング】ジョギング、ランニングと同じ
【ポイント】『コーナーリング内傾外向（正面）BAD』の写真4と比較したとき、内肩リードになっているので全身のラインができ、そのラインが進行方向へ大きく傾く

コーナーリング内傾外向（正面）

✕ **BAD➡**

【ライン】負けライン
【ポジション】負けポジション
【タイミング】
【ポイント】『コーナーリング内傾外向（正面）GOOD』の写真5（内肩リード）と比較したとき、外肩リードになっているので負けラインになりやすい

おわりに

自分の頭の中にしかなかったことを言語化する。

そのきっかけを与えていただき、コーチとして成長し続けることを教えていただいた中竹竜二さん、そして星野明宏さんから多くの影響を受けました。

パフォーマンスチューブ理論を形にするにあたり多くの気づきと学びを与えてくれた川尻隆さん。今回、出版のきっかけをくださった澤村公康さん。カンゼン社の石沢鉄平さん、ライターの清水英斗さん、編集の鈴木康浩さん、石黒麻希さん。この書籍の原稿の修正作業においては、マネジメントを担当する児玉優子さんに多くの気づきをもらいました。

なかなか作業が進まないなか、チームの仲間や選手のみんな、家族、黒猫のクローバーには温かく励ましてもらいました。思い返すと、この著書を執筆させていただくにあたり、ここには書ききれないほどたくさんの方のサポートがありました。皆様、本当にありがとうございました。

改めて、一人では何もできないと感じるとともに、いつも支えてくださる多くの方々への感謝の気持ちを忘れず、「速さ」「強さ」「巧みさ」を追求していきたいという想いがさらに強くなりました。

そして一人でも多くの選手の成長に携わっていけるようもっと学び続けていきたいです。「速さ」「強さ」「巧みさ」を追求する旅の先にあるものとして、「今」というこの一瞬の現象を捕まえたいという思いがあります。

「過去」や「未来」は言葉で説明できるようになってきました。「過去」は起こった現象を分析し、それをもとに未来に対して仮説を立てる。

しかし、「今」という現象を捕まえるのは、非常に難しい。説明するその瞬間には「過去」となってしまうからです。

だからこそ、今という現象を捕まえるために、その一コマ前と、一コマ先を言語化し続けたい。

いつか「今」という最大の暗黙知を捕まえてみたいと思っています。

２０２３年２月　里大輔

構成
清水英斗

ブックデザイン&DTP
今田賢志

写真&動画
三原充史

撮影協力
株式会社シンクエンタ

編集協力
鈴木康浩
大場元気

編集
石沢鉄平
(株式会社カンゼン)

身体動作解体新書
現象を本質的に分解してパフォーマンスを上げる

発行日　2023年3月13日　初版
著者　里 大輔
発行人　坪井 義哉
発行所　株式会社カンゼン
〒101-0021
東京都千代田区外神田2-7-1 開花ビル
TEL 03(5295)7723
FAX 03(5295)7725
https://www.kanzen.jp/
郵便為替 00150-7-130339
印刷・製本　株式会社シナノ

ISBN 978-4-86255-674-5　Printed in Japan
定価はカバーに表示してあります。
ご意見、ご感想に関しましては、kanso@kanzen.jpまでEメールにてお寄せ下さい。お待ちしております。